图说 郑光复

——拼图一位建筑师和教师的生涯

郑嘉宁 著

天津大学出版社

图书在版编目（CIP）数据

图说郑光复：拼图一位建筑师和教师的生涯 / 郑嘉宁著. —天津：天津大学出版社，2013.8
ISBN 978-7-5618-4753-4

Ⅰ. ①图… Ⅱ. ①郑… Ⅲ. ①郑光复（1933～2009）－传记 Ⅳ. ①K826.16

中国版本图书馆CIP数据核字(2013)第189239号

出版发行　天津大学出版社
出 版 人　杨欢
地　　址　天津市卫津路92号天津大学内（邮编：300072）
电　　话　发行部 022-27403647　邮购部：022-27402742
网　　址　www.tjup.com
印　　刷　天津市豪迈印务有限公司
经　　销　全国各地新华书店
开　　本　220mm×210mm
印　　张　10
字　　数　386千
版　　次　2013年9月第1版
印　　次　2013年9月第1次
定　　价　168.00元

前言

我的父亲郑光复虽年长，可一向身体总体还不错，似乎仍像年轻时那样精力充沛，有很多计划安排，日程紧凑。我自己出国多年，整日忙忙碌碌，甚至不能每年回国探望父母，总想下次吧，可下次又因这样那样的缘故未成行。每星期倒是至少周末打一通电话闲话家常，父亲总是很开心，兴奋地讲述近日的经历趣事，还有以后的计划和日程。母亲说父亲最快乐的日子就是周末接我们电话的那天。几十年了，习惯了父亲的关爱，也未多想，似乎仍来日方长，先忙过这阵吧。忽然深夜母亲来电话，父亲突发心脏病猝逝。什么？ 那仍然精力充沛、热情、充满抱负、爱说笑话的父亲再也不能与我闲聊？脑中一片空白。漫漫长夜过去，不是梦。他已七十多岁了，我早该想到，应多回家看看。有些事看似平常，直到失去了，方才觉重要，可已无法寻回了，终身遗憾！

像许多老建筑师一样，我父亲留下许多设计图、画等。亲友们商议收集起来出个作品图集，作为纪念。他走得突然，资料图画也不知在哪，翻箱倒柜，总算找到不少。有些工程设计他曾费尽心血，可惜找不到资料，书中只好放弃或仅提一下。

收集整理资料之时，看着建筑设计图画，想到图背后丰富多彩的设计思想和工程经历，于是又收集研读他的书刊文章，精选那些与作品相关的文字，加上本人的理解，决定给图加些简要介绍与相关故事叙述。

可看着写着，不禁感慨万千，于是又忍不住决定写下自己个人的感想畅言，算抛砖引玉吧。既然不同于事实描述，个人感评则划分另列。

睹物思人，父亲的音容笑貌不时再现，渐多渐清晰。有一天顿悟，我不是在整理他的作品，而是在回顾他的人生，一位教师与建筑师的独特璀璨的人生。采访了不少父亲的亲朋、同事、学生，收集到一些相关的故事经历，所以书页上为此又划分一块，着重介绍父亲和作品的经历及其时代环境背景。文中提到父亲，直称姓名不加头衔称谓，也许不合中国传统，但在描述人生阶段时简明客观，是现代欧美新闻传记描写的惯常方式，故采之。

大量父亲精彩的图画和文字是本书的主体。斗胆提起拙笔，以年代为线，串联起这些明珠。以他的作品图画和文字为例为媒，说一说他的设计、他的思想、他的时代、他的经历。从单纯的图画作品展示，转到图文并茂的人物描写，成为整本书的主线。人，代替作品图，才是此书的重心。原拟的《郑光复作品图选》就变成了《图说 郑光复》。

父亲画了很多，但不一定好于专业画家；做了不少建筑设计，但名下建成的作品数量远不及建筑设计院的老总、大师；专业文章著作几十篇，但不是纯建筑理论家；教书几十年，但头衔除教授外无“长”、无“院士”之类，也没多少学生宣称高徒、弟子。但在他那个年代的中国建筑学界，他算是业内著名的多才博识、特立独行、热情直言人士。有人喜欢有人嫌，有称奇才有称怪，究竟他是怎样的人，他的人生经历是什么，他的建筑追求有何结果，他的作品是好是坏，他的时代和建筑设计环境优劣，还是读者自己读了本书后，自做评论吧。你不光是欣赏一个人的绘画作品，了解他的建筑设计思想与过程，也是分享建筑学界共有的一些现象和经历，体验那个时代人们的生活背景故事。其中不少可能是你自己或父母也经历过的。你有兴趣吗？反正我是极感兴趣的，不然也不会从最初收集他的图画做作品集，变成了编写此一大本书。

写此书又不为拿学位，升职，出名，赚稿费，出成果。本人现在站在建筑学界之外，山外看山，无功名追求，也就不必勉强自己写作。仅仅是看着父亲的图画，心中有话，想与父亲聊一聊，或问个问题，谈个往事，发个牢骚，开个玩笑。他不在了，那就跟大家聊一聊吧，回顾一下那逝去的先人和年代，其中很大部分也是我所经历过的时代。

这书是一本人物传记，一本建筑师图选，外加一本建筑师作品述评，合三而为一。所以格式与布局与众不同。翻开书，大体右页为父亲的设计图画，左页为文字。文字页又一分为三：与右页作品图画相关的叙述；与右页作品图画相关的感评；与右页作品图画相近的时代背景和人生经历。虽本书布局格式有点复杂，但作为读者，你可以选择读人物传记，或建筑表现图集，或设计绘画作品述评，或都看。

郑嘉宁
2013.02 于美国纽约

目录

多事多彩的童年 少年 1933—1949年

随新政权一起“大跃进” 1952—1959年

激荡和迷茫的岁月 1960—1976年

再次打开国门看世界 1977—1992年

大拆大建时代的建筑师 1993—2003年

高调轰鸣，戛然而止 2004—2009年

多事多彩的童年少年

1933—1949年

中国古典小说中的人物初现，都会先报出生籍贯、家门。现在不兴这个了。但要详细介绍分析一个人的行为及其生涯，按弗罗伊德的“精神分析”学说，也得先看童年。

那就从出生与童年开始吧。

书页典型格式

实业救国

郑光复的父亲郑璧成与卢作孚等人1925年创办民生实业公司，当时任此航运公司的船务经理，主持航务。民生公司并非等级分明的公司，而是“朋友”公司，创办人和高级管理人员以共同理念聚合为公司奋斗，同时个人可拥有它业，或自愿离开。

郑璧成出生于成都双流。幼年入私塾学四书五经，此后当过警察、四川保路起义军下级军官，后弃武从文，到重庆当记者、摄影师、报社主编，开过书店，曾任《国民公报》主笔、成都通俗教育馆博物部主任、川江航务处航政科科长。任职民生公司同时也另有其他实业，例如创办重庆公共汽车公司、三星汽水公司、长江轮船公司等，后长江轮船公司并入民生公司。还捐助文教事业，任西南科学院董事，与他人于1930年创办重庆北碚兼善中学并任常务董事。现互联网上仍可查到1935年其所著《四川导游》一书，既宣传四川，又广告航运。

郑光复之母陈蕴玉出生于成都一个清朝军官之家，辛亥革命之后家道中落，曾经十分穷困。曾任小学教师，以助家用，养成勤勉、不屈、乐观的性格，后嫁郑璧成。

郑璧成在北碚毛背沱创办北碚果园，约一百数十亩，自筑两洋楼、一平房，临嘉陵江之白碚石，北靠马鞍溪。

1933年郑光复生于北碚果园，次年二弟光中出生，都在果园度过幼年。父母为子取名光复、光中，显示爱国救国的强烈心愿。

抗日战争时大批人员迁入重庆，兼善中学原址不够用，郑光复的父母毅然捐出毛背沱的私有北碚果园，成为兼善中学当时的初中部。不过后人只知卢作孚创办学校，不知郑璧成是代表民生公司的创办人之一和学校早期最大个人捐资人之一。

郑光复在童年回忆“阳光明媚的两个月亮”中写到自己幼年时嘉陵江边的家园：

“摇曳又闪光的竹翠、树青、藤绿的艳春浓夏间，缀有秋枫、冬橘或野杜鹃的缤纷，都不断地涂抹在清碧的江上。细浪反射满眼阳光，那本领胜似月亮，更生动、美好，还晴朗。中流顺风而下的巨帆穿过小峡，崖岸回响着舵师唤风的长啸，间或伴着咚咚小鼓，巫风？却是豪情快意！ 沿着江边缓流慢慢上行的小木划子，长桨轻掘起朵朵涟漪。脚板儿摩挲在木纹微凸的纯净船板上，那么温柔细腻是船的肌肤。坐在船舷，两脚时而沾水，时而悬起，小船轻轻摇晃走着。从蓬影俯视江底，洁净如玉的大小卵石，彩色缤纷地漫在底上，轻翔着群鱼。江滩沙白如雪又温暖似锦，叫你使不上劲儿地淘气。吃力也无所谓，随处坐倒，随意躺依，看白云在蓝天上演出梦幻。

在马鞍溪（现称龙凤溪）入江处有座古石桥，老掉了栏杆，桥边长着野草闲花，万一掉下去也只吓一小跳，浅溪水清沙白。就这桥头溪边一片果园，园门低小，两柱白杉，梁上木板两坡顶。门两旁大孔眼的竹篱笆上，不时多少攀些藤萝。薄薄的板门似乎未曾关过，向着岸边几株老树，柳丝拂门，柳下大路，水淹不到树根。其下一抹平沙。沙滩下游，小溪对岸，白云般洁净如洗的碚岩，从桥那头山下钻出来，伸到江中，几乎贯通对岸。这里是江的‘门槛’，岩上密密麻麻的篙孔和水蚀大洞，记录着无数世代舟子、纤夫的艰辛。

这果园是我和弟弟妹妹们的出生地。（注：果园在重庆北碚马鞍溪旁毛背沱，本书第6页图中1 ）

这果园中有一幢小砖楼，是父母所筑，朝向晓阳升起的方向。”

后来，“我和二弟回到北碚果园，那儿已被爸爸妈妈捐给兼善中学，添建了食堂兼礼堂，添了学生宿舍……园门变大了，门前老柳依然，乘小木划子去北温泉，从蓬影处俯瞰江底，大小卵石缤纷，游鱼随意窜游，时快时慢，突然拐弯。江底抖动着大张阳光的网，波浪折光织就这江底的月亮，从卵石上反射波光。蓦然窜来一群刀似的金阳，从鱼儿背上……那网不碍鱼儿的自在。清晓，江面满腾半人高的如烟的蒸汽，许多许多的雾气袅袅，似水底的长草摇摇。岚光迸出，彩霞天，万里晴空，林鸟闹，无垠生机，无限希望。”

郑光复年幼时患脑膜炎，九死一生，侥幸被美国医生救活，但有时会有僵痴行走似的后遗症，至六七岁才神奇痊愈，无其他后遗症，或几乎无。后来他自嘲：“现在的后遗症是愚蠢，当教授便是一种证明，居然不肯低三下四……活该！”

八十年一瞬，人去景异。绿野家园、幽雅小镇、清澈嘉陵，已成驰名中学、喧闹市区、浑黄河流。但童年的兴趣与经历，引导郑光复一生对绿化与自然的执著向往与追求。

脑膜炎后遗症，会不会脑波短路跳线，非“正常”思路，所以有时愚笨，有时天才?

抗战贡献

郑光复之父郑璧成因生意获得重庆市中区坐南朝北临嘉陵江的大片石坡荒地。这片地原本无多大价值，忽然重庆成抗战陪都，人员涌入，于是与上海迁渝的著名陶记营造合作，由郑光复之母陈蕴玉操作，借她私人关系，从雅安采购原材料，将其开发成当年的高档住宅区嘉陵新村，至今还留有孙科旧宅。此外郑璧成在渝中区多处有房地产，当时被称为重庆的地产大王之一。

卢作孚时任当时国民政府交通次长等多项公职，郑璧成主持民生公司日常工作，尤其航运。因他当时在航运与房地产上对国家和抗战的贡献与重要性，以至1944年日军逼近重庆时，被日军列名于攻占陪都后抓捕政要百人名单之列。抗战胜利后因杰出贡献获颁中国“抗日战争胜利勋章”。与政要名人关系密切，是郑璧成事业成功的关键之一。

郑光复的父母忙于工作，尤其父亲，常不归家，作为长子，郑光复从小与母亲住城里，弟妹们则由外婆在郊区抚养。他对团聚与亲情之向往，潜于心底，以至亲情成为他此后人生最重要的考量。

因身为民生公司高管的父亲之故，郑光复的家抗日战争期间多次迁移。1936 年因父主持民生扩张，迁上海。郑光复回忆童年：“住的愚园路，天天去兆丰公园（现中山公园），和许多洋孩子玩，看黑人乐队演奏。有一天妈妈急得要命，说鬼子来了，爸爸又远在重庆，公司同人催着，匆匆锁了门就走，乘公司忙于大撤退的最后离沪的轮船，一路惊恐，鬼子飞机追着炸，不知哪里有枪炮还击，我躲在栏杆边看炸起来的巨大水柱，又怕又好奇……谢天谢地，进了三峡松下一口气。”

嘉陵新村的家（注：本书第 6 页图中 6）是半山上的一座西式坡顶小洋楼，小楼建在石砌的层层台地花园上，楼前还有个不大的水池。山上石头很多，为了建小楼，开采了很多石条，听说把这些石条卖了，还赚了些钱，花园就是建在这多层石头台地上，在石头上为每一棵要种的树打一个坑，内填泥土才能种树，可见这里绿化之难。此处后捐给寺庙。

还住过曾家岩（注：本书第 6 页图中 4）、北温泉（注：本书第 6 页图中 2）、化龙桥（注：本书第 6 页图中 5）。“ 记不清何时住在千厮门（注：第 6 页图中 3）山崖城墙顶上街边，楼窗外俯瞰江上一片繁忙，江北长排长排的大桅樯。时时有船夫号子此呼彼应，还隐约可闻光脚板儿使劲蹬在船板上，一齐划长桨的脚声蓬蓬，原来船是靠人在它上面走着驶的。尖声细气的汽笛是小轮船，粗声大嗓沉沉震动山城的，是大船汽笛。怎么不是靠岸，也不是开船，在江中走的船互相鸣笛呢？ 爸爸说，打个招呼，告之谁左谁右……一个晚上跑警报，防空洞中重磅炸弹，山摇地动。洞顶忽开一缝又合上，未塌，满洞庆幸之声。”

1944 年秋日军占贵州独山，逼近重庆，十岁左右的郑光复兄弟俩乘车去西康雅安的二舅处避难一年。“曾在孔庙侧院的城乡镇小学上学，古屋外满大院的巨木参天，冠梢上有许多巨巢。群息鹳鸟，似鹭大如鹤，时时起舞，呱呱地欢叫。有时白粪如注倾将下来，谁中彩了便获一场大笑。”兄弟俩除了雅安城里上小学，就是爬苍坪山，骑马。当时身为川军旅长的二舅喜结交文人墨客，擅书法，公馆里除佣人卫兵外，还住着一位国画家。兄弟俩对画画的兴趣由此形成。

郑光复因身为长子常年随父母住城里，看迪斯尼动画，美国国家地理杂志。小小年纪，甚至跟着父母上办公室、会议室、餐会。从小特爱看各种书刊，喜欢抱一罐掺糖的奶油，一边看书，一边不时抠一点抹在嘴里，自得自在。

郑光复小时候回乡下与弟妹们相聚，爱在家旁的河里戏水嬉戏，有次潜水时脚卡在石缝中，只有手在水面乱晃，幸亏有人发觉并及时把他拉到岸上倒了不少水。他会与弟妹们不合而争斗，父母甚至会暗中鼓动佣人的小孩参与，几人同他一人打架，他败了不准哭，励其坚强、争胜斗志，并教育他代替争斗，应尽量以劝导团结的方式解决争议，培养其友爱、领导能力与口才。

从小住过几个家园大多由其母设计监造。跟着母亲造新家，搬家，再造，再搬，建房造园成为少儿时期最直观的体验，甚至超过父亲对其在船务上的影响，此后变成兴趣和生涯。

虽富家公子出身，但家教严格，父母朴素低调、慷慨助人的言传身教影响终身。国难当头，到处迁移，感同身受。

兼具父母的很多长处，不过父亲的人际关系、经营头脑、管理才干好像没遗传哦，或者，时代不同，不适用。

皈依佛门

其父郑璧成虽然干实业精明，赚钱无数，但生活简朴，为人低调，非常热心慈善，早先主要捐助文教，后皈依佛教为居士，拜密宗能海法师。他把嘉陵新村自留的崭新别墅捐出作能海法师在重庆的住所和“金刚道场”，并资助寺院所有日常开销多年。重庆罗汉寺中弹烧光，只剩山门石雕四大金刚，他也捐巨资重建。直告子女不留大笔遗产，自己奋斗，不然要变败家子、花花公子。

抗战胜利后，郑光复的父亲郑璧成拟离开民生公司自去开拓海外业务，卢作孚苦劝其留渝，主持民生总公司日常工作。他实业救国的热血渐凉，潜心佛学，捐出大多家财。幼子出生，能海法师赐名光召。

郑光复的父母抗战先后捐宅给学校和寺庙，在沙坪坝小龙坎的乡下（当时的乡下）小湾（注：本书第 6 页图中 7）的山上新建农舍式宅院——蓉园，打算退隐自住。周围有大片的果园、竹林和堰坝，并雇人种植、管理。郑光复在童年回忆“蓉园”中写道：“园中山岗顶上有棵儿人合抱不了的黄桷树，大树上搭了一个近八个平方米的凉台，杉木楼板，板子之间留着一指宽的缝，盛暑好凉爽。这大树下是我们的家，妈妈自己设计的，夯土墙平房大风掀瓦便漏，偏偏大风多。原来这小小山岗，不到百米之遥，堰塘上便是崖顶，那下面竟是想不到的峭壁高崖，一条羊肠小道顺着崖壁落下去，深处一条清溪。溪边人家小似火柴盒，人如小蚁，溪下游稍远处是古镇红糟房……

大树下有石桌石凳，一大片三合土面的院坝，坝子在夏夜是乘凉的好去处。先在上泼水，蒸发干了，才能架竹凉板，或铺竹席，全家大大小小，天南地北地聊。星星满天，还不时有些流萤，月亮更叫人不想回屋。那时电扇很少，全靠人人一把大扇子，还点着绵纸包裹如粗绳的蚊香，一股草药味，还有锯末味。

蓉园不小，园内种了很多苹果树，屋旁有几棵香蕉树。有的地方土薄，这小岗本为荒地，土厚处凿深坑填土，主要种果树，也有多种观赏树，屋旁就有两株，在院坝边。还有一种凤尾棕，如绿色喷泉。我们有两块小‘自留地’，一块种苞谷、或红薯、或南瓜，自己种的特好吃。另一块种花，各种各样、许许多多的花，有的是乡土种，有的是爸爸的友人从加拿大、美国带来的花籽长成。

在小湾乡下，最多最美的是飞行的天籁。最熟悉的是斑鸠、喜鹊和大黄桷树上的许多色彩艳丽的各种小鸟的鸣唱。尤其清晨的树上，简直是鸟儿赶场，热闹极了。我始终不曾用心分辨，对不上声音与容貌，更不识姓名，正是‘好听鸟语而不求甚解’吧。但有几种鸟鸣始终萦怀，不过却未听到过白鹭歌吟，它总是默默无语。倘鸣，也许是隐士般的悠然啦？最让我动心动魄的，是苍鹰高空清脆的长啸，‘许儿——许儿——’，破云倾城的哨……”

小孩们就在附近复元寺内的小学上学。郑光复自幼体弱，在重庆名校兼善中学初中（幼时的自家园）住校，其父让他留一级，专心各类体育文艺社团等，从此爱好锻炼，身强体健。上初中时学潮兴起，兼善也不免，经常罢课、游行。郑光复积极参与“向校长抗争”等活动，结果被身为校董的父亲责打，也不后悔。后郑家兄弟在小龙坎家附近的树人中学（现重庆八中）上高中，住校。其父曾捐资树人中学并兼董事长。

郑光复作童子军时的照片

郑光复之父郑璧成若当年留大量财富，子女像如今的某些“富二代”，那后来倒霉时，就不仅仅是自己的悲剧了。

20 世纪 50 年代初因家贫，郑光复曾打算弃学工作，母亲不同意，说再困难也要争取上大学。好在兄弟俩不久于 1952 年、1953 年先后出四川上大学，不要学费，也不交伙食费。妹妹光夏上地质专科，费用全免。外婆去世，另一妹妹光和患精神疾病尚需母亲照料。从此全家天各一方，远离故乡。

1952 年郑光复高中毕业申请大学时，选什么专业？ 他自幼爱好文学艺术，但父母建议将来做工程科学，远离政治。故申报美术专业外，另择最艺术的工科——建筑学。当时南京大学工学院建筑系主任杨廷宝教授是清华大学梁思成教授在美国宾夕法尼亚大学上学时的学长，在当时建筑学界与梁齐名，称“南杨北梁”，故选此专业。在当时中国重视工科并鼓励学生建设国家的时候，被并非第一志愿的建筑系录取。二弟郑光中受影响，一年后也申请建筑系。听大哥说：“我已是杨先生的学生了，你还是去作梁先生弟子吧。”所以申请并进入清华大学建筑系。

当应届的几十名四川学生乘船出川去各校上大学时，郑光复作为学生参与领导组织行程。因南京冬天阴冷，母亲专门织了条毛裤带去，上学后他却给了同学，因其更穷，而自己冬天只穿单裤。

清贫佛徒

1950年，其父郑璧成是民生公司在重庆总公司代总经理和法人代表，后因政治原因去职。他一心向佛，曾独自去五台山清凉寺能海法师处。

当时家产被没收，所有财产充公。小龙坎的小湾家园被政府使用，原址现成为重庆市档案馆及周围的住宅区，只剩当年院墙坝上的大黄桷树。郑光复的父亲不在家，其外婆母亲带全家搬进城里，靠母亲回聋哑学校当老师的收入在七星岗（注：本书第6页图中8）一带贫民区租房蜗居。母亲后在嘉陵新村的山上（注：本书第6页图中9）利用一个旧巴士车厢安家，并亲手用竹篱抹灰搭建简易棚，入不敷出，艰难度日。后来又搬到城里解放碑附近五四路（注：本书第6页图中10）租房。卢作孚本人据说私下自掏腰包予以接济。

郑璧成后任文史馆员，去北京中国佛教协会，主持佛教工程建设工作。

郑光复上大学前与弟弟妹妹合影（右一是郑光复）

好在20世纪50年代初大学录取新生不查家庭出身，不过要真查，十之八九都不红。而且学费也不像现在费用高昂，否则当时郑氏兄弟那样穷，就算上了大学，也得兼职打工挣饭钱吧。

四川人给人的典型印象是外向、直率、进取、性烈，或一个字——辣。郑光复似乎蛮像的。其实，他自少看惯高官名士的张扬，也亲历纤夫农民的卑怜，也许由此养成不卑不亢、三教九流皆可交友、自信乐观的个性吧。

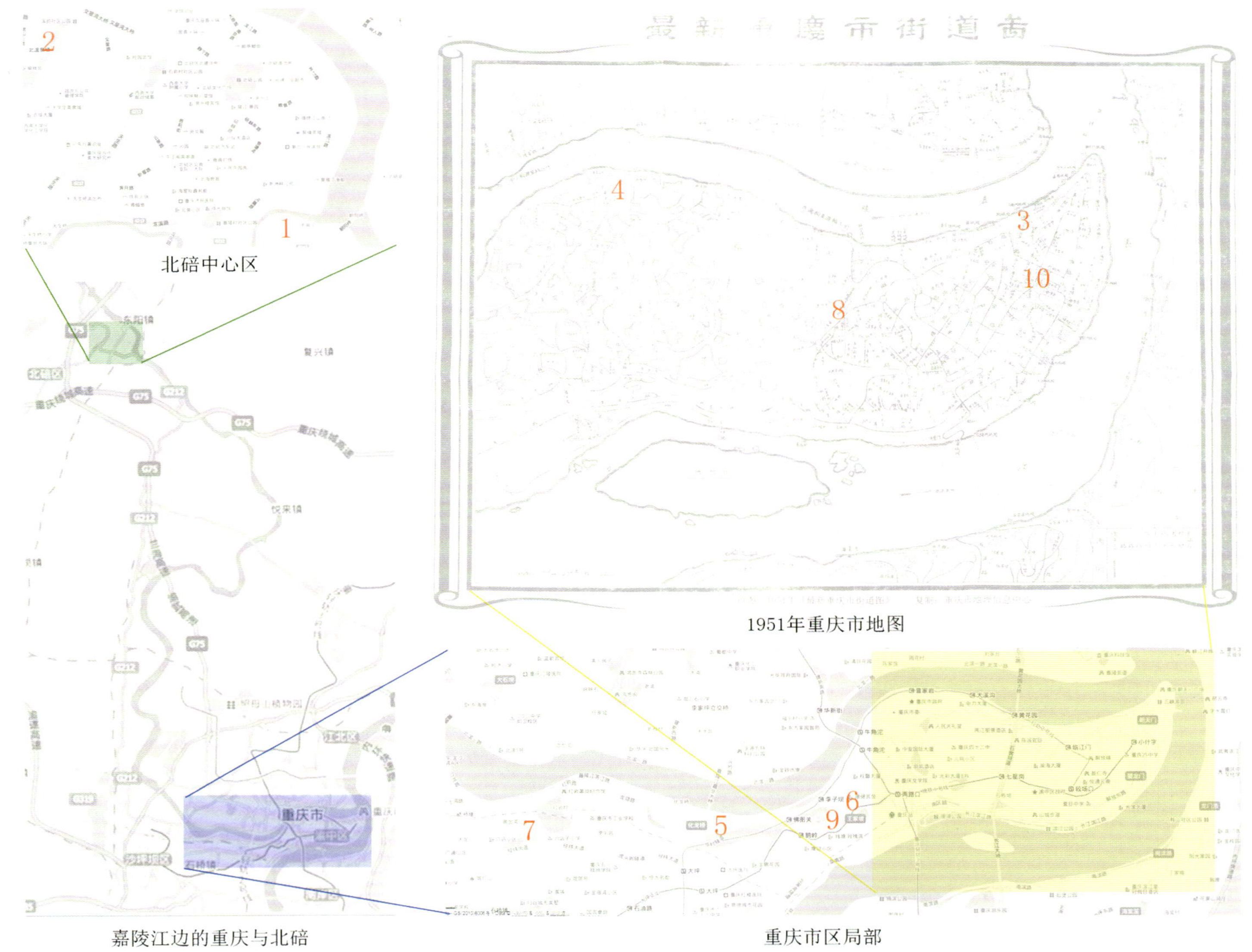

北碚中心区

1951年重庆市地图

嘉陵江边的重庆与北碚

重庆市区局部

1—出生于北碚毛背沱的果园；2—抗战时期暂住过北碚北温泉；3—抗战时期暂住过千厮门民生公司宿舍；4—抗战时期暂住过曾家岩居所；5—抗战时期暂住过化龙桥红岩村附近居所；6—抗战时期暂住过两路口嘉陵新村新别墅；7—住小龙坎小湾的郑家花园数年；8—1950年后在七星岗租间房蜗居数月；9—嘉陵新村山上简易房蜗居年余；10—解放碑附近五四路租房蜗居

郑光复童年和少年时住过的家园，是那时家族兴衰起伏的标志，也是他少时经历对其未来人生观的启示。

随新政权一起“大跃进”

1952—1959年

新的红色政权，新的建筑师，都充满理想、梦想，甚至狂想！结果呢？

书页典型格式

建筑系大学生

很多同学都对这位喜用四川腔高声朗诵诗歌、吹得动听口琴的热情同学印象深刻。郑光复学业专精，大学时热爱各种体育活动，骑摩托车、自行车越野，体操达到国家体育二级水平。他性格开朗，思维敏捷，乐于助人，爱好文体，不仅对人真诚热心，有组织才能，积极向上，又绘画、设计优秀，身为班干部，积极组织班上开展多姿多彩的文体活动。

参加戏剧表演后的合照（后排左二是郑光复）

郑光复上学时的骑摩托车照

当时位于南京的民国时期的最高学府中央大学，改名国立南京大学，仍在四牌楼。国家需要大量的工科技术人才，教育的重心放在与经济建设直接相关的高等教育，尤其是工程和科学技术教育上。1952年院系调整，中央政府开始仿照苏联模式，对全国旧有高等学校的院系进行全盘调整，既然工程与科学在当时最受重视，故扩建国立南京大学工学院，合并其他学校有关专业，成立南京工学院，仍在原址。原35个专业中的13个文理专业与金陵大学合并，并移至鼓楼的金陵大学校址，改名南京大学。其他专业则分别在南京成立多所专科大学。建筑系在工学院内，虽经学校变迁与调整，变动不大，仍在原教学楼，反而扩容扩招。该教学楼1952年后称“前工院”，纪念前工学院。1958年后建筑系迁现址“中大院”教学楼，楼名纪念中央大学。

建筑系自成立历经国立东南大学（1927—1928年），国立中央大学（1928—1949年），国立南京大学工学院（1950—1952年），南京工学院（1952—1988年），东南大学（1988—今）。

建筑规划设计课有个传统，会选择最好的一、两个学生的设计作品保留，用于交流示范。作品上“留系”两字是对学生设计课程的最高评价。

这是1954年二年级的“留系”作业，为节约钢筋水泥，采用了砖薄壳结构，以应当年之需。设计功能明晰，结构简洁，造型稳重，为古典淡彩效果。

中国建筑教育史仅约九十年。像这样近六十年历史的学生作业，不知全国还有几校尚存，算是收藏级的古董，还是从脏暗的存图室翻捡到的，这类旧图，再过十年、二十年可以进博物馆了。

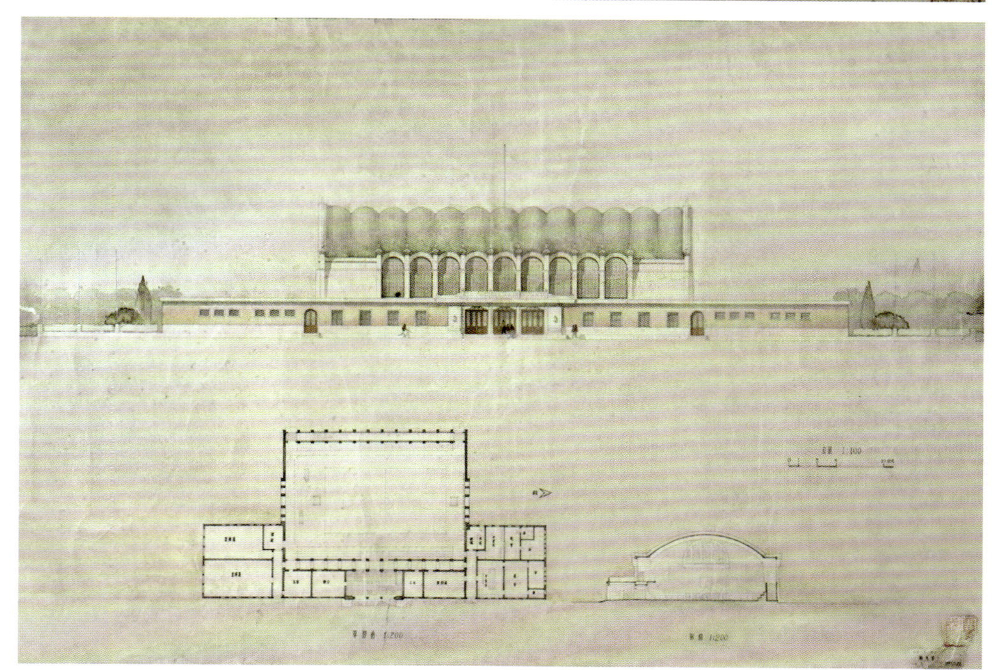

体育馆设计 /水彩渲染 1954

大学毕业

“1954年初月，1956届学生约30人去曲阜参观并测绘，测绘项目为孔庙、孔府的几座门。在曲阜师范学校借住、搭伙。历时一周。回校后画测绘图，用单色渲染。”（见东南大学网站中有关建筑系历史的介绍）。郑光复虽瘦且个子不高，但身体强健，肌肉毕现，加上为人热心，去曲阜参观测绘，总是帮同学搬行李，笑称“挑夫”。

郑光复对中国明清宫廷殿堂建筑样式开始了解，开启了一生对中国传统建筑的研究与探索。

郑光复在大学时是班长，1956年毕业。毕业后留校任教，因父亲经历和家庭原因，在高校中影响很大的“反右”运动中比较低调，幸运未受牵连。由于他业务出类拔萃，品学兼优，各方面积极先进，故加入共产党，当班主任。

毕业班同学在学校大礼堂前的毕业照，三十余人，男女各半（郑光复在前排右一）

此为另一“留系”作业。平面图显示出设计的古典布局与表现效果，大概现在褪色了吧。

既是“留系”作业，应当是最好的。当年流行的设计与表现，相当古典传统，1959年的北京十大新建筑和这类风格倒蛮像的。

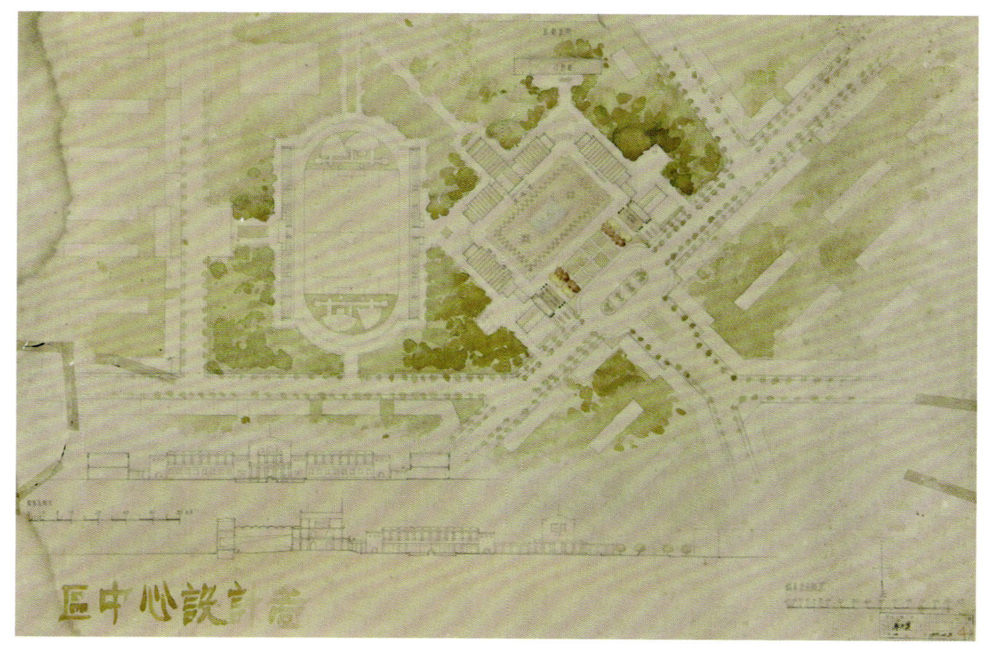

社区中心设计 /水彩渲染　1955

艺术殿堂之后的工棚

郑光复毕业后带学生去南通，设计钢铁厂等，另设计五小厂，其中在罐头厂带图住工地，从放线、夯槽到上瓦、粉刷，全过程劳动。玻璃厂宿舍造价26元每平方米，室内夯土、空头墙、束芦苇为椽、芦苇冷摊瓦。市冷藏库用不起软木，加大双墙间距填袋装稻壳，可换出晒轧……

当时这些工厂完全以实用和超低成本的“土法上马”传统为目标，容不下艺术两字。而他原视建筑为艺术的观念与热情则大受棒喝。

师生在北京站工地（郑光复在后排右六）

1958 年，为庆祝中华人民共和国成立十周年，郑光复参与了属北京十大建筑的人民大会堂与革命历史博物馆的方案设计。后随南京工学院，现东南大学，参与北京站设计。几位教师率十位学生从开始设计至完工仅用一年时间，名副其实的边设计、边备料、边施工、边修改。前期每天上午各方展示设计，征求意见，下午修改设计，晚上连夜重绘全套图纸，仅几小时和衣小睡，第二天再循环此过程。设计需关注具体细节，例如，从参与铁道部策划讨论，反复调查修改方案作业流线等，功能与技术之复杂大非所料，如检票口应在梯上或梯下，为此他们专程去沈阳站参观，那里曾发生检票口踩踏伤亡事件。在“十大”工程设计工作会上，常可听到对设计的批评。

《建筑学报》（1959 年 9 月）的文章“北京新建车站大楼的建筑设计”对此集体创作有较详细的设计介绍，右页建筑图采自该文章。有关车站设计立面处理，“表达了新颖车站建筑的特点，而又能充分显示出我国民族建筑的传统风格而具有祖国‘大门’的象征性。……作为首都大门的车站需具有雄伟对称的气魄和城市规划的要求……”

郑光复父母住在北京，他以往暑假都回北京，有时去清华拜访二弟的老师同学。郑光复的父亲在中国佛教协会负责造佛塔工程，他也跟着到处看古建筑。这次他就负责门厅彩画和琉璃屋顶设计，亲身登上北京和承德的殿堂测绘取经，关键部件足尺样图试效果，坐镇邯郸琉璃厂指导监制构件，是年轻建筑师难得的建筑设计实践。政府总理周恩来关切进度，在工地鼓励竞赛。国家主席毛泽东亲临完工工地视察，当面向郑光复询问：“设计是什么？”并告诉专业设计师：“设计是意识形态，现在变了物质。”

当时参与设计的学生缪启珊回忆：
“接受琉璃构件烧制任务的是邯郸市一座老砖瓦厂，首次接受如此重要国庆工程的老厂，全厂上下当然是十分重视的，厂领导安排技术最过硬的工人师傅承担这项任务。可是，只有干劲是远远不够的！这座工厂过去只烧制过小型琉璃瓦，从来没有烧制过如此多样、复杂、庞大的琉璃构件和花饰！我们师生对烧制工作更是一窍不通的，因此，无论对工厂还是师生都是极为严峻的考验！在以后一段日子里，郑光复带着我和工人师傅们夜以继日精诚合作，一起研究、讨论和操作，经历了无数次失败的试验以后，功夫不负有心人，庞大的宝顶终于按期烧制成功！有了烧制‘宝顶’的经验，大批尺寸、轮廓准确，花纹和颜色都符合设计要求，质量一流的各式各样琉璃构件和花饰，后来也陆续烧制成功了！

完成如此艰巨的国庆工程任务，对老砖瓦厂来说是历史性的突破，对我们师生来说则是一次实战演练，这是设计与施工完美结合、知识分子和工人师傅密切配合的范例。”

作为建筑师，不是仅仅研究书本图样，还亲身去测绘中国古建筑，设计仿古建筑，绘制施工图，甚至去工厂参与制作构件，并现场安装，这才是真正有实践经历和坚实功底的建筑师。

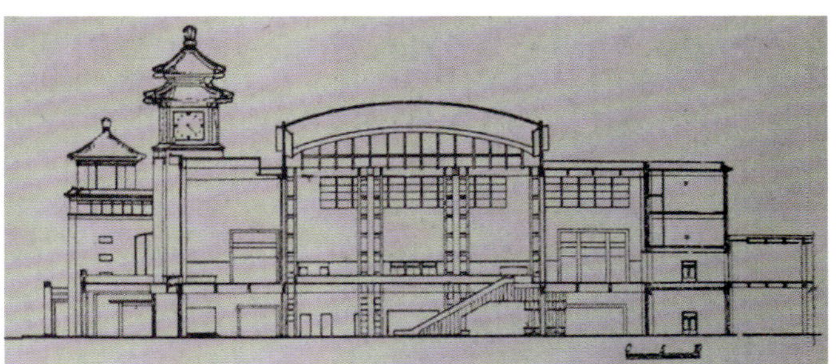

北京火车站设计（建成）1959

郑光复的父亲去世

郑光复的父亲去北京后，先借居西四的居士林，1957年前后凑钱买了四合院两间屋，总算再次有了“家”。

郑光复刚赴京时住父亲的四合院套间，1958年圣诞节晚煤气中毒，虽发觉后勉强开门得到邻居救助，但其父亲年迈，不幸去世。郑光复之父郑璧成身为民生公司创办人之一，1950年时任总公司代总经理，晚年投身中国佛教协会工作，逝前主持的北京西山八大处灵光寺佛牙塔工程，即将封顶装藏。他的丧礼为最高规格的法事，中国佛教协会副会长能海法师专程从五台山清凉寺至北京广济寺亲自主持，并接见郑家兄弟时说：“你父死得好，正‘真’好。”此言对多年至交之子，当时难理解。

能海法师的意思是免去凡世纷扰，功德大成，平静睡去，就是“好”？郑光复事后回想，几年后高僧能海法师本人于“文革”中坐化，才领悟其言至灵至善。

《西游记》里有高僧，也常不敌强魔，总算有大佛。世间也有高僧，也有强魔，不知哪有佛。禅宗说佛在慧徒心中，不佛不慧之人大概是悟不到了吧。似乎离题太远，打住。

北京西山八大处灵光寺佛牙塔

颐和园景观彩画

1958 年为庆祝中华人民共和国成立十周年，南京工学院（现东南大学）负责北京十大建筑之一的北京站设计。郑光复负责彩画设计，吸取北方殿堂彩画方式，但更淡雅。上图就是一幅颐和园景观彩画设计。此后他基于对建筑装饰的研究与实践，专开“建筑装饰”一门课。

当时大学停课半年支工支农搞“大跃进”，因国家主席毛泽东指示“书还是要读的哦！”而复课。2007 年《东南大学建筑学院 80 周年纪念文集》里，有篇回忆文章“我愿是一只鸿雁——回顾沸腾的岁月”，其中谈及此事。

大学停课半年参加“大跃进”，郑光复参与北京火车站工程，才二十几岁就被评选成江苏省工作先进劳动模范。不过因近一年连续每夜仅三、四小时睡眠，有时几日不睡，结果年纪轻轻就得了严重的神经衰弱、失眠症，花了好几年时间在精神科治疗才痊愈。

除非常时期，重大工程应有长远考量、全方位评估、周详计划设计、充分准备。当年合适的方法，现今不一定合理。可至今仍时有工程标榜“边备料、边设计、边施工、边修改”，自夸大干快上，显然不再合理。否则刚建几年的桥会垮塌，十来年的建筑物拆了另建，几千万上亿元造的什么馆用了短期后闲置荒芜，一窝蜂上马的工程半途成“烂尾”。

多年过去，天文数字的浪费，也该吸取教训了。

激荡和迷茫的岁月

1960—1976年

20世纪60、70年代，在中国乃至世界历史上都是极特别的时代。在惊涛骇浪过后，人们往往关注那些翻沉大船的惊人悲剧。其实那些静泊港湾看似无伤无痕的一叶小舟，也有其独特的经历。它是怎么度过的?

尤其这惊涛骇浪一波接一波长达十几、二十年，三四十岁正当年的壮汉无暇捕鱼，都做了什么?

书页典型格式

当时工作
生活背景

双数

作品相关图述

作品相关评论

郑光复作品图

作品名称 /画法 年份

单数

中大院的建筑系

“大跃进”后中国处于经济民生灾害中，建筑工程项目难见。调到建筑历史教研组后，郑光复花了相当心血调研中外建筑及其历史。既然无法出国实地考察，那就从有限的书刊中学习。临摹不仅是自己学习的需要，作品也是教学备课的教材。

建筑系起初在学校东南角的前工院教学楼，后来搬到同一庭院南边的中大院三层教学楼现址。杨廷宝先生设计在西方古典风格的原楼左右两侧每层各加一间大教室，并增楼梯间连接，外观形式与内部功能完全协调。

楼上几间大教室，正好分别为建筑系本科各年级学生的建筑设计绘图室。学生每人有各自的绘图桌凳，凳子像酒吧用的高脚圆木凳，绘图桌上层桌面可升起形成角度。另配一把可上下平移的丁字形长尺用来画水平线，用三角尺画垂直线。学生常将建筑设计课的图纸留在桌上，任何时间都可过来绘图。不少学生就把设计绘图室也当成自学教室，有专用桌椅，不用去图书馆或它处占位子，别系的学生很眼红哟。本班或建筑系其他年级的学生也可以互相观摩，取经，不只是看结果，也可在过程中学习。大家朝夕相处，往往前后几届的学生相互熟识，成为朋友。教师教研室几步之遥，教师也可以在设计课之外的时间来教室指导。郑光复就常常在设计课外抽空去学生设计教室看看，替学生排疑解难。有时也引经据典，高谈阔论，仿佛小沙龙。

原前工院

中大院未扩建时

临摹建筑图画，既研究建筑，也练习绘画。

图中临海的三层粉红墙建筑，是威尼斯总督宫。尽管用石材建造，看起来却很轻薄。底层的柱廊空透，三层的实墙平整，布满菱形图案。郑光复特别注意到墙角装饰细柱以及窗棂等，造成墙体轻薄的视觉错觉——临摹图画的发现。

现在的教师，更无论学生，多不会这样临摹图画了。大家基本用电脑制图，照相翻拍，手工临摹就不再有很大必要，也没有工夫。

意大利威尼斯圣马克广场海滨 /水彩渲染临摹 1962

饥荒里的婚礼

1960年初在北京开全国各建筑系教材会，有不少教师参加。郑光复见同济大学建筑历史与园林专业教授陈从周与一年轻漂亮女士叙谈，一打听，她原来是刚从同济大学建筑系毕业，分到安徽合肥工业大学新成立的建筑系任教的女教师马光蓓，第一次来北京。于是他自荐当向导，参观各处建筑，从此紧追不舍，情书情诗不断，半年多就顺利娶得美人归。此后陈教授每次见到二人，都要得意地说："嗨，我可是你们的大媒人哦！"

两人都是穷助教，那时没有婚礼和婚宴，无亲朋聚会，仅去民政部门领证，获几张优待券。凭票买一张极简陋的棕棚床和一条大棉被，算优待，然后各自回学校在同事中口头宣布一下，另发几粒喜糖。那可是全国遍地饥馑的年代，城市居民已算好的，但定量供给制，买什么都要凭票，布票、粮票、油票、肉票、副食品票等。南京的教师大概每人每月是28斤粮票、2两油票、半斤肉票、半斤副食品票。换句话说，每个月最多能吃2两油（洒几滴烧菜），半斤肉（一个月，不是一天，只能其他日子当素食者，或者弄点肉末星星意思一下），半斤副食品票（买两块豆腐而已），28斤米或面（大约一天一斤，听起来过得去，若没有其他东西吃，就全靠它啦!）。安徽饥荒更严重，大学食堂里都供应用山芋根叶磨粉的粥汤，乡下就不用谈了。

郑光复及妻的结婚照

此为典型的古典建筑水彩多层渲染图，细致、典雅、清宜。那深浅均匀褪色的蓝天透明感，可能是十遍水彩渲染的结果。连名字都是工整的英文，以示协调。是教学范例吧？

"渲染"是什么？建筑学大一上建筑水墨单色渲染课，一幅小屋立面，画上几个星期。厚图纸沿边折起半寸形成容器，里边刷上薄薄一层清水，但不碰折边。待水近干时，快速在折边外侧涂层糨糊，平直裱粘在绘图板上。纸干后紧绷得平整。在倾斜的图板上渲染天空，调好水墨，蘸饱毛笔，仔细地从图边开始平行刷，宽不过半寸，底沿积墨但不能下淌。完成一行紧靠刷下一行，略增浓或淡，与上行积墨溶合，无缝过渡。如此平行涂刷，直至整块天空。墨色不能一次到位，仅几分。待干透后再重复，如此多遍乃至十几遍，达到预想成色，极沉静的透明感。一块天空可能花几天渲染。其他块面除细小面外均用类似方式，不见笔触，只现平整块面。同理，彩色水彩代替水墨，就是水彩渲染图。经典的建筑表现——渲染图。

老建筑系的学生们，谁还保留着当年自己的功夫结晶——渲染图？宝物呵。该装框挂在客厅墙上，比什么名画复印、买来的装饰画强多了。它会诉说故事，是个人当年奋斗的经历。自己的家、自己的画、自己的故事、自己的骄傲。每个自信的人都爱现，是不是？

意大利威尼斯圣马克广场 /水彩渲染临摹 1962

夫妻两地分居

郑夫人自同济大学建筑系毕业后分到安徽合肥工业大学新成立的建筑系任教，故虽结婚，夫妻两地分居。在当年，组织分配工作，两地分居很常见。“探亲假”，中国特色的假期，让远隔两地工作的夫妻，一年有机会相聚二三星期。相比现在春运中的民工们，也强不了多少。

“大跃进”后的“三年灾害”期间，安徽省成为全国饥荒最严重的省份之一，饥馑惨重。1962年夫人生子后，健康欠佳，赴南京休养。郑光复曾代课合肥工大一学期，也算校友。

此后夫妇两地分居，因南京条件较好，郑光复单独育子一年多，儿仅两月大就送托儿所全托，他周末既当爹又当妈。后来送子至北京由奶奶带孙子近两年。团圆后子不认母，让叫妈妈，竟怯怯地叫“妈妈阿姨”，到处“阿姨”叫惯了。

这种家庭关系，至今民工中不是还在延续吗?

伊斯发罕皇家清真寺是建筑史上清真寺的经典之一。白色建筑，穹顶与门楼覆盖蓝色马赛克，布满精美图纹，清丽、脱俗。

此画有部分程度的水彩渲染，尤其在建筑部分。在淡彩上，以非常细腻的笔画表现饰纹。

据统计，蓝色是人们最喜爱的颜色。那是清高的天空、清净的海水、清凉的冰湖、清真的寺庙，或者常见的微软电脑桌面屏。白色配蓝色，天堂似的色彩。

伊朗伊斯发罕皇家清真寺 /水彩临摹 1962

带烧饼的教师

1962 年入学的建筑系学生、浙江大学卜菁华教授回忆道：这班学生高考分高，数理好，却普遍艺术和建筑底子较薄，教师们要额外多花精力教授。郑光复老师给学生上中国古代建筑构图课，是低年级建筑设计课的教学小组长。他讲课旁征博引、风趣幽默、声音宏亮，枯燥的历史和原理之类，被他加入典故事例而变得丰富，而且常常展示他自己专门绘制的图画示范，学生们都喜欢听他的课。他辅导学生设计课也非常认真。若学生设计差，有的老师会干脆自己画草图，让学生照抄发展。郑光复老师总会与学生交谈，了解其思路，再分析发现闪光点，引导其设计发展。他不仅是教学生知识去达成某种成果，更多是唤醒学生的创作意识并传授方法。他不在乎学生天资能力，因材施教。但学生们都知道，若不努力，上一堂设计辅导课后没有按老师要求改进设计，郑老师下一堂课一定会直言批评，并略过该生这次辅导。他对学业的要求是严格的，不允许糊弄偷懒。除每星期两个上午的设计课，他还经常抽空去教室看看，替学生及时排疑解难，有些其他老师辅导的学生也爱请教他。在设计作业交图前学生往往加班加点开夜车，他就额外花时间去辅导。

有学生还记得他穿件咖啡色竖条纹灯芯绒两用衫，陪学生们一起赶作业从下午至晚上。忽然从衣兜里摸出两只烧饼吃，还问学生如果饿的话，也一起分享。学生赶忙说大家已轮流去食堂吃过，只有老师一直在这里，早该回家了。他笑笑举着烧饼说有准备，不用回家。那时他妻儿尚不在南京。他自带晚餐陪学生好几次。

有学生粗心画错或打翻颜料、水杯在图上，他会耐心安慰，并帮忙弥补收拾残局。学生的设计效果图缺乏环境衬托，若经点拨仍不能改善，郑光复会召集学生讲解，并借用实例亲自示范，绘上树木花草、小桥流水，生动活泼，具立杆见影之效。

郑光复住的校东文昌桥宿舍区也是主要的学生宿舍区。学生们说最喜欢几个人一起去拜访他，因为他随和风趣，知识广博，住的又近，那年代又无电话预约，都是不请自来，他基本来者不拒。哪怕不谈功课，天南海北地聊天，无拘无束，沙龙似的，学生们也爱去。

“文革”后有外地已毕业的学生告诉老师打算报考建筑系研究生，他就很热心地自费寄材料，写信指导，介绍各招考专业和教授的特点，甚至专门绘示范图寄去让学生练习。高人指点，学生如愿，人生改变，终生感激。

他是那种不计名利、与人为善、全心做事的人。作为教师，尽其所能去帮助学生，不求回报。

透明水彩，故名思义，是透明的。深色块中的淡色和高光，必须留出，需要预先精确计划，绘中耐心执行。留心画中的城堡窗棂和树枝，很细心地留白。很多中国山水画似的空白，线条的写真精细，色彩的光艳夺目，城堡的迷人壮丽，绝妙地融合成这幅欧式水彩画作。

不知其是临摹自画片还是照片，可能也是为建筑历史教研制作的放大范图。

一位教师备课的认真，都体现在超越既有教材的准备上。在当年信息难获的年代，自制教材需要付出巨大的努力，并需有高超的技能，并非许多教师愿意做或能够做成。

他当时的学生，现山东建筑大学缪启珊教授回忆：
“1954 年我到南京工学院（现东南大学）建筑系学习的时候，郑光复是三年级的大师哥，课余时间他经常到我们一年级的教室来，给我们这些师弟、师妹们在建筑设计作业上出谋划策，他毕业后留校当了老师，正式成为我们建筑设计课的辅导老师。……郑光复性格开朗、直爽，平易近人，当年我们同在学校期间，由于年龄比较接近，他除了认真辅导我们的建筑设计以外，还和我们一起参加系里组织的各种文体活动，师生关系是十分融洽的。他喜爱文艺、音乐，尤其擅长诗歌创作和朗诵，在聚会中师生们总要邀请他朗诵诗歌，我们都非常熟悉他开始朗诵诗歌时那声长长的‘啊——’。”

他刚毕业后任一年级新生班主任并辅导学生建筑设计初步课。他当时的学生，现东南大学贺镇东教授回忆：
“郑老师精力充沛，朝气活力，喜欢体育，身材健美，与一般大学老师的形象迥异。加上年龄相近，幽默健谈，深受大家喜欢。但他教学严谨细致。他辅导我们西方古典柱式水墨渲染，共八周。从了解柱式，每人选题材、构图设计、细部、配景等，老师都严格要求，辅导改进。我的图前景是一个古罗马爱奥尼克柱头，中景是罗马拱门，远景是一对角斗的武士雕像。因我始终不知如何表现武士赤裸的手臂，郑老师卷起衣袖，露出大学时国家二级体操运动员的手臂，摆姿讲解，让我观摹，一时引得其他同学围观，老师做了学生的模特儿，还很得意。结果我的作业得了最高分。

有一次天气变化，班上不少人感冒，作为班主任，他周日带学生一起步行去东郊紫金山下郊游，登中山陵，还讲解典故，开玩笑。大家兴致高昂，学了东西，游玩一身汗，回来感冒也好了。郑老师对我们是良师益友。”

作学生的，都希望有这样的教师吧。你有、或有过吗？记着打个电话、发个电邮，道声谢谢，他或她就算不记得这个学生，也会高兴一天。教师毕生的努力与心血，所求的最大回报，并不高呀。

欧洲城堡 / 水彩临摹 1960

周日踏青

1965年夫人调南京，郑光复接子回家，最终全家团聚。幸运呵，若迟一年，“文革”开始，天各一方的家会怎样?

中国在1995年前一直实行一周六个工作日。在仅有的周日，他常带年幼子女去玄武湖公园看动物、看花，去东郊紫金山下明孝陵、中山陵访古迹，踏青。好在那时候都免费，也没多少游客，穷玩穷逛。现在不少地方门票不菲，一家出游几十、几百元，成了奢侈活动。

“文革”中由于有长时间不在家，郑光复写信委托和感谢好朋友不时周日带小孩子出去游玩，“不要花钱，他们精神上得到很大快乐，就很好了。”在那个年代和困难境地，他仍极重视子女的精神健康和快乐，慈父之情跃然纸上。

他对自然山水树木的热爱，在于那样的生活场所与环境，而不仅是视觉景观和装饰。对自然山水的热爱，对绿化的保护重视，反映在其对园林建筑的热衷，以及对建筑绿化的热心。

这是一幅不透明水彩画，或称为水粉画。远处浓厚的乌云、近处坚实的红墙、前面深邃的绿水，衬托突出中远明亮的白墙及水中闪烁的波粼。整幅画色彩对比鲜明，建筑工整清晰。称其建筑水粉画，或彩色建筑图，都可以。

不透明的水粉颜料本质上是水彩颜料中混入不透明白粉，显得厚实。淡色也可覆盖深色，绘画较省事又多能。水粉画是手绘精美建筑效果图最常用的手段，也是本图集中大量建筑效果图的主要表现方式。

印度泰姬玛哈尔陵 / 水粉临摹 1962

自古以来，人们喜欢纪念英雄或英雄事件。纪念英雄通常用雕塑，而纪念非具象的英雄事件，通常除相关地址、实物、图文外，也许有统帅、领袖的雕像，或用高大的象征形体来表现。在革命年代，更是夸张。此竞赛方案基于典型的思路，以几何建筑形象来表现抽象事件。用哪种建筑形体，就是大家的能力展现之处。好的设计方案以及表现效果，动态、直观、鲜明、震撼。此设计图是吗？

巨大的白色长剑直指海上、直插云霄，像闪电，划破乌云翻滚的苍天。古典英雄史诗的气势，震撼视觉！

当今世界人们纪念的事件，不再限于英雄胜利之类，如何用纪念物纪念各种事件？典型方法是在被纪念的事件与纪念物之间找到鲜明的关联。寻找关联并分类是自幼儿教育起的基础实践，诀窍是发现共同的特性。同理，虽然抽象事件与具体建筑物两者是完全不同的事物，也可有关联。什么是关联？用语言的比喻，在两组不同的名词之间，找到共同特性的词，并用做形容词。当然，人们关注的特性变了，形容词就变了，首先要发现那独特的形容词，然后才是尝试各种建筑形体的时候。哪种建筑形体也适用同样的形容词呢？

战争纪念也并不总是激昂的英雄宣扬。美国内战的转折点盖底斯堡战役的遗址，不只有胜利北军各州立的纪念碑，也有失败南军各州立的纪念碑。胜者对败者的宽恕，对逝者的尊重，对历史的沉思，对故事的回顾，静静地迷漫在旷野。感动心灵！

美国华盛顿的纪念物多不胜举，但参观人数最多的是越南战争纪念碑，为什么？人们喜欢宣扬胜利，遗忘失败。越战是美国史上唯一失败的战争。纪念碑发起人不是国家机构，而是退伍军人协会。不是宣扬国家，而是纪念参战军人，不寻常的项目。设计师林樱独具慧眼，看到事件是美国史上的巨大伤痕，故在地面开个V形裂口。更一反表现“宏观”事件本身的传统，而突出事件的“微观”影响——每一位阵亡将士，无论军官战士，每个名字后面是个曾经鲜活的生命以及留在亲朋心中的印记。起初设计虽受强烈抵制，但建成后人们才意识到，它不是国家纪念碑，而是每位牺牲战士的祭坛。此1981年的设计从此革命性地在根本上改变了纪念建筑，表现出对人文的关怀！

二三十年后的纽约“9·11”世贸中心纪念建筑，表面上是对失去摩天双塔的“虚空倒映”，其实同样注重铭记每一位逝者，那里是他们的安息之地。

当代纪念物不仅限于领袖，也关注有关的每一个普通人；不仅纪念胜利，也纪念失败；建筑不仅有高大，也有低平；表现的不光有激情，也有静思。

建筑设计，不只是设计建筑！

古巴吉隆滩胜利纪念碑国际设计竞赛方案 /水彩 1963

位于南京东北古城墙与紫金山之间的玄武湖，宽阔秀美，内有动物园、儿童乐园、植物园，也可划船等等。樱洲长廊既用于休闲，又引导景观，也自成景。设计以江南园林为模，因地制宜，曲折空透，设计有花格。

南京玄武湖樱洲长廊方案2 /水彩 1965

经历了“大跃进”与“三年自然灾害”的20世纪60年代，中国建设部的权威期刊《建筑学报》上的主题集中在“因陋就简、经济实用、土法上马、大干快上”上，提倡“延安精神”。厂房、农庄、甚至猪禽舍都成为设计探讨的对象。

著名的玄武湖公园需要在中心景区建游客食堂，功能要求强，场地窄，造价极低，工期紧，有可能的话，还要美观。故混凝土梁柱配轻钢房架、石棉板瓦是唯一的选择。至今类似的结构仍可见于市场、工棚、仓库等。可以想象出这类易建、临时、简陋、无风格的形象。

设计师通过花格竹木门窗，显露拆模木纹的混凝土梁柱及乱石墙，简捷但传统的屋脊挑沿及涂色板瓦，配以少量的细节。变魔术，简易房变成既显江南园林风格，又具20世纪50、60年代国际流行的“装饰主义”建筑时尚的园林建筑。

此建筑多年前已被拆除重建。

每平方米仅几十元的造价，近于巧妇难为无米之炊的条件下，没几人能变出这种魔术。

南京玄武湖菱洲食堂方案 /水彩 1965

空旷大路

结婚后学校给郑光复分了一间房，在校东文昌桥宿舍区。校东文昌桥宿舍区比较大，在太平北路东侧，离校本部教学区就五分钟步行距离。

太平北路沿路原来是条火车轨道，后来拆除。人车道用冬青和松柏绿带分隔。西侧并排流着一条小河，叫珍珠河。东侧一排矮墙，零星几栋房子掩映在榛子树后。路上宽阔空旷，多是骑自行车的，横过马路时可左右看看几百米外的浮桥或和平路口有无汽车转过来，若有就等其驰过再走也行。

偶尔骡子拉的粪车过去，留下一串臭水迹，也有驴子或马拉的垃圾车踢踏踢踏走过，叭叭几响，路上多几个冒热气的“草团子”。有上下学经过的淘气孩子，跑过去用纸包住捡起来，互扔，像打雪仗似的。中标，一片哄笑。

月季园围绕一株二百多年的高大银杏树，种植几千株各色月季花，包括相当名贵的品种。在此设计亭廊与花屏时该怎样做？

如果有一幅达·芬奇的画，做一个耀眼精美的画框喧宾夺主，还是选用简洁但符合画作年代风格的单色画框？
容易，显然后者。但有的设计师自认更聪明。

设计师郑光复认同后一选项。花架廊亭围着月季园成圆形，烘托主题，江南园林花格为装饰主题，形成具装饰的景框，并在花架形式上设计了几个方案，本效果图为其一。最终设计以钢筋水泥灰色花架、格栅、坐凳整合在一起，并用小花、线脚、收分等细部装饰，地面用鹅卵石嵌入水泥拼出图案，整体更简洁、便宜但不粗糙。为决定花架高度，让人截取竹杆，专门去现场比划测量，并考虑生长藤蔓后的少许垂挂，以决定亲切宜人的尺度：2.6米净高。他不仅设计，有些还去亲手建造。水泥方框格架交点上的白梅花饰，是他带学生现场用木模翻制水泥制作，干透后再着色。

这一设计虽历经近五十年风雨仍不失风采。

南京玄武湖环洲月季园花架方案2及建成照片 1965

大院里的农田

以前校东文昌桥宿舍区的大操场西面至太平北路百多米之间，只有新南楼、西楼、北楼，其余是空地。操场边原有片篮球场及单双杠沙坑地。略南是座猪圈，猪是用学校食堂的剩饭菜喂养的。小孩子们没事会去看，用小石子或树枝弄那懒洋洋睡觉的肥猪，它们哼哼叽叽地叫。小孩最兴奋是听见猪嗷嗷大叫，一起冲出宿舍楼往猪圈跑，一起欢呼：杀猪啦，今天食堂有大肉啦！

猪圈旁边是一个废弃军训场，里面有独木桥、水泥爬墙、跨越水池和射击靶场，是男孩子们斗胆逞强之处。偶尔跨不过水池掉进去，一身污水，被伙伴嘲笑，回家还被父母责骂，还是要比。

南、西、北三栋楼围成的院子，是孩子们的游戏场，玩官兵捉强盗、捉迷藏、攻城、斗机子、弹弓战、火柴链条枪战、摔跤等等。一群小孩子没什么玩具，也不知愁地吵吵嚷嚷一天又一天。院子里大些的孩子后来上山下乡或当工人，郑光复的孩子正赶上恢复高考，上高中、上大学，没耽误，幸运儿。那大些的不幸儿，不知会诅咒谁，应该不会怪父母早生几年吧?

其他是荒地，20世纪60年代人们响应号召，种过玉米、蓖麻、蚕豆、青菜等，好像是请郊区贫下中农种的示范田，由食堂管。后来在“文革”期间被各住户开成自留地，找来菜籽，种青菜、韭菜、葱、萝卜等，有人直接往上浇粪尿。自种自摘自吃，虽然种时臭，吃着香呵，全有机，无化肥。

大楼之间是各种菜园地块，粪臭谷香，蛙鸣鸡啼，当年城市乡村化乌托邦的实践现实，现在觉的是全方位感受“超现实”的艺术景象，不妨绘制这样几幅“超现实”画，挂在画廊里，说不定小赚一笔。

绿野、静池、疏枝、茅屋、倒影、闲人，秋日农家牧歌景象。城里忙碌的人谁不向往？绘画家的心境与技巧，反映在画中。

很多老建筑师能画非常棒的水彩画，甚至有画选出版，完全依靠美术专业水平。自中国建筑学科建立以来，师承欧美，通常于二年级设有水彩画必修课，每周至少两个半天写生课。建筑师的建筑表现效果图多为水彩画的形式，外出调研，也有水彩速写的习惯。试想没有彩色照相机，如何记录看到的实景？没有电脑绘图，如何表现设计的效果？好的水彩画技巧，不仅是爱好，更是必需，否则难成好的建筑师。

现在的建筑学生以及建筑师的水彩画水平可能比较差些。照相机记录实景既真实又快，电脑绘图既仿真又准，手绘水彩画已不再是重要的建筑师技能。它也许还可培养学生的艺术修养和爱好。这倒是建筑师的必要能力。当然有人会用其他方式，比如电脑绘图，PhotoShop,Illustrator,来培养美术功力。有一项难以取代，即个性表现。如果凡・高再世，看到喜爱的向日葵，举起相机咔嚓几下，照片出来，如何表现个性和大师风采?

建筑师的水彩画，将来会成稀罕之物。

乡野秋色 /水彩 1960

多用居室

新南楼是那种中廊式宿舍楼，基本每户一间十三四平方米的单间，一家四口蜗居。除了沿墙的床外，就是窗前的写字桌，上叠几本书，把绘图板一架，就可以工作啦。一房多用，卧室、餐厅、客厅、工作室。南京冬天没暖气，晚上盖两层棉被还嫌冷，缩成一团，早晨则不想出被窝。夏天每张床上铺着席子，支起蚊帐，感觉真正有了自己的世界，虽然不大，却是自己的，很欣慰地听着蚊子在蚊帐外嗡嗡地飞过。

郑光复不管冬夏，总是在画图。冬天冷得戴着露出手指的毛线手套绘图。夏天热得赤膊作画，脖子挂条毛巾不时擦汗，右手肘下垫块毛巾以免汗湿图纸，偶尔左手摇几下芭蕉扇。

有时太热房里待不住，孩子们就到外面草地上铺张席子，拿把扇子乘凉。旁边点燃一盘回旋形绿蚊香，驱蚊蛮灵的。人都嫌气味重，何况小蚊子。天未黑之前躺在席子上，看蜻蜓像小直升飞机似悬停，飞移，再悬停。经常有麻雀拍打着翅膀一窜而过，燕子一展一收地飞过，有时也有老鹰的黑影在高空盘旋，偶然扇一下羽翼。若什么虫鸟都没有，就看着高深蓝天上的白云变幻着飘浮，一边胡思乱想。想什么？ 汤圆、冰砖、白球鞋？ 谁记得，但一定不是课本或什么革命理想吧。大操场中的草地上，这一堆那一伙，学生教师、男女老少，都是打扑克、聊天、数星星的人。现在看起来不就像每晚的大派对么？ 当然，是在共用起居室与娱乐室——室外院子上举行了。

此图简明、写意，色彩与笔触蛮粗放，有的部分显然未等干就又画。不知花了多少时间，三十分钟？ 水彩写生速写之作。

水彩画以前对画家大概也是写生速写与绘画草图的重要手段。作为写生，既可是几分钟的“快速”速写，也可是几小时求实写真。有的抓捕客观景物，有的反映主观印象。同为水彩写生，却是不同的表现。欣赏角度也不同吧？

建筑水彩写生画的标准：构图平衡，景物写实，主题清晰，色彩协调，更重要的是，绘画快速，一小时左右，一般不超两小时。所以除重点外，不求精确。有时甚至看起来未完成，实为速写。

机房 /水彩 1960

澡堂的“赤诚”

单位的澡堂每周日开一天，若因事未成，两三个星期才洗一次热澡，或只好烧水自己擦一擦。大澡堂里老幼师生们赤裸相对，有时还摩肩接踵。里间满房间水蒸气，四米外看不见。正中一个浑浊的大热水池，水很烫，多数人坐在池边泡泡脚或用毛巾蘸水擦身体，或者百分百的“赤裸裸”坦然地聊着天。个别人跳进热水池泡得通红，再跑到外间用凉水冲。大家共用木板拖鞋，走起来啪嗒啪嗒响，有人恐怕糊里糊涂染上脚气病还不自知从何而来。想想看，能百分百的“赤裸裸”坦然地相互面对聊天的，不是一般的朋友情、师生谊吧。什么样的真诚？澡堂式的“赤诚”。幸亏那时还不懂“同志”新义。

现在的澡堂桑拿浴之类也只是高档一点，教授也不至于撞到学生，怪不得没以前那样的情谊了。瞎扯？ 那最后一句算白说。

满幅钢铁构架、建筑、机车和人工制品。用铅笔线条精确勾画，水彩填色，基本就是铅笔水彩建筑效果图。能看出由近至远的褪色，仿佛机车水气，或烟雾作用，艺术效果仍相当强烈。

铅笔水彩画是建筑表现的捷径。

火车站 /水彩 1960

厨房，食堂和馄饨梦

大家共用厨房。厨房内就一水磨石盥洗手池，每家一只煤炉，靠一张二尺小桌放炊具。一开火，烟雾腾腾。大家到时候都在做饭菜，厨房成了公共聊天室。

有时去旁边的兰园食堂买饭，必须事先用粮票和钱换成食堂专用饭、菜票。用二两饭票可买一个大白馒头，两分菜票的酱菜，外加一碗稀饭，典型的早餐。午餐、晚餐的大锅菜大概一两角菜票，总是那几样蔬菜，一点肉末肉丝。偶然有红烧狮子头（南京人叫大肉丸为“狮子头”），虽然绞肉里面混合很多面粉，也让大家兴奋地奔走相告，那可是不用肉票的肉哟，赶紧排队。大锅菜不常买，既不好吃，也贵，一家一天的伙食费也只一、两元而已。偶然奢侈一点，去文昌桥街角的小店买三分钱加一两粮票的烧饼，五分钱一两粮票两根油条，外加两分钱热豆浆，高档早餐呀，要一人花一角钱呢。想到一角四分一碗的赤豆汤圆或二角多一碗的馄饨就流口水，一年吃的次数还不及现在吃龙虾餐的次数多。夏天有时下班时，郑光复买几只四分钱一根的赤豆或奶油冰棍，用厚毛巾一裹，回家一点都未融化，一家高兴得不得了。若带回一角一块的北冰洋牌奶油小冰砖，那大概是有什么庆祝活动或是给谁的奖赏吧。

郑光复年轻时酒量不错，又热情豪爽，逢年过节，买几角钱的小瓶白烧酒，邀一两同事或文艺朋友在陋室饮酒畅谈，说文论画（绝对避政治），就是奢侈啦。从20世纪60年代至80年代初，各地工资就没变过，物价也基本没上涨。儿子上大学时一算家庭收入每人一个月不到三十元，而生活费已远远超标，所以一分钱学生补助都没有，可见一般人家的收入更低。

人人都在变老，会回忆过去，怀念自己年轻的岁月。其实怀念那个年轻的自己是真的，怀念那个岁月则不一定，至少没几个真正的上山下乡知青会希望自己的孩子像知青那样。连大学教师买碗肉馄饨都犹豫再三而舍不得的年代，谁还会怀念向往？ 只是回忆，作为历史。

可以看出图中画的是江南园林雪景？ 当然，典型的江南园林廊榭。那，雪是江南的雪？

屋面覆白，仍显瓦珑，雪不厚；
水面倒映，池边泛白，冰不多；
近景清晰，远景清楚，雪不大；
满纸色彩，点点水渍，雪花痕迹吧，雪花小。

这是正下雪时的写生，如此努力，画家够酷。江南一带冬天偶然会下小雪，半寸、一寸厚，刚够铺一层白。雪止日出，半天即逝。既然稀罕，赏雪不能等它停，画雪景也一样。

写实的雪中水彩写生画。

原本不觉特别，照此一看，蛮有意思。真是，画不仅仅是画家画的，也是评赏家评的，还可能是画廊拍卖行吹的。但愿不是毫无根据的瞎评、乱吹、误导。

嗨，楼上，会不会是北京颐和园苏州街的早雪初下？

噢，聪明瓜，别抬扛了。你以为艺术分析是火箭科学呵?

园林雪景 /水彩 1972

厕所幽臭

宿舍楼每层有共用厕所，里面有一盥洗池，两个蹲坑，一只尿器。夏天接一橡皮管冲凉，满地水，放几只砖头垫着走。晚上走廊里无灯，黑漆漆的，因为无人愿意付共用空间的电费，哪怕分摊也有人不愿意。仅楼梯间有一小灯，有人上下楼时拉下开关，几瓦的灯光幽幽晃晃。胆小一点的晚上都不敢出门，房间弄只痰盂或马桶之类，迷漫着一丝淡淡的，幽——臭。20世纪70年代初隔壁邻居搬走，郑光复幸运地增加一室，直至20世纪80年代中。

宿舍楼旁的化粪池低于路面，起先定期有农民拉着骡车来一桶一桶地淘，后来是环卫所定期用车抽取，总是臭气四散。尤其每到暴雨积水，屎尿横流，人们当时也不在乎，或不敢怨言，怕被扣帽子。小孩子们倒很兴奋下大暴雨，雨一停就高高兴兴地扛着家里的木澡盆下楼，找到操场上水深一点的地方，放下、坐进去，划船啦！

简陋的水闸也可以成绘画的主题。

在向苏联学习、号召超英赶美的“大跃进”时代，机器设备是工业化的象征，自然也影响20世纪50、60年代人们的审美趣味。其实一百多年来的艺术革命以及包豪斯的设计变革，早已改变了设计与建筑界。不懂得欣赏机械人工几何形体的人，如何设计新时代的建筑？

曾经奇怪，为何现代的国画家们不画现实题材，建筑师的水彩画也多山水风景。想来大概画种特性局限吧。至少建筑师的审美观不算脱离时代，因为他们的硬笔画中有许多当代城市景观。

水闸 /水彩 1960

福利游泳池

像南京这样上百万人口的相对富裕的省会大城市，那时仅有一手数得过来的公共游泳池，还大多被体育集训队占用。少数大的机关、学校有游泳池，也常闲置。小的个别单位就算曾经有，也无用。南京工学院校东宿舍旁的成贤街小学在20世纪60、70年代是市重点小学，常接待外宾，有一个游泳池，可从未用过，后来被拆除造新教学楼。有少数游泳池仍在使用，只让内部员工使用，在外人看来，真是该单位有很大的特权，至少对员工来说是福利，因为用水、花钱不少。

南京工学院原有两个游泳池，一个在老体育馆旁，另一在文昌桥宿舍区。宿舍区西北角是座奥林匹克标准游泳池，夏天对师生及家属每天免费开放一、两小时。水发绿，有些混浊不见底，不少细小漂浮物，而且有蛮强的氯水气味。过几天换部分水，几周彻底换水，仅维持一两天清澈。尽管如此，已让校外人士羡慕不已。开放时满池人，在浅水区是夏天避暑的，在深水区才是游泳的，沿池都是人贴人，无处下脚，不游不得淹死么？有此单位福利不享白不享。郑光复总带子女去游泳。让他们从不会游到会，再到完全自如。虽吃得一般，不过大家身材可比现在强多了，苗条或精瘦，还有些肌肉，一副长跑运动员身材，不过游泳运动员身材很难达到。好在大家学游泳也没打算当运动员，只当掌握落水逃生技能吧。

现在老体育馆旁泳池变楼房，校东宿舍区的泳池尚存旧房，一池污水，不知夏天还能用不。难道现在偌大光鲜的一所大学，体育设施还不如四十年前？妥善翻新游泳池，有益于师生、社区。

园林水榭 /水彩 1980

自行车

夫妻俩双职工作，把幼儿送幼儿园全托，就是星期一早上送去，星期六下午接回，一起过一周唯一的休息日。每隔一两周，郑光复将一对年幼儿女一前一后放在自行车上，骑去玄武湖动物园看狮子老虎，猴山和熊猫是小孩的最爱。春秋之际天气好时，也会出太平门沿着城墙外钟山脚下的山路上坡下坡。上坡推着走，边走边讲各种故事。下坡一溜风，几乎没人没汽车，一直到明孝陵前石象路。爬不上石象或石骆驼，能爬上石马石麒麟，孩子们就高兴得不得了。后来孩子大些，会自己骑车，春秋时节仍一起郊游，骑车到更远，中山陵，灵谷寺。郑光复再忙，再困难，再累，坚持带孩子们一起郊游，那可是全家的快乐时光。

郑光复那辆黑色（也只有黑色）“凤凰牌”自行车，非常耐用，多年后给儿子，骑车从四牌楼到三牌楼（按此逻辑，二牌楼、一牌楼大概位于下关长江边上吧？　扯远了。）上南师附中，然后上大学，前后用了近二十年。当时可是名牌，虽然赶不上现在的奔驰、宝马汽车，不过在当时来说名气差不了多少，到20世纪70年代还是姑娘出嫁时要的彩礼中的“一大件”哦。

不知谁开始称双轮脚踏车为自行车，那车自己会行？或车手须自行？　也有人称单车，明明双轮。叫风轮车至少还有点传统神话意境，脚踏车最合理。反正不管对错好坏，大家叫久了，也只得认了，还叫自行车。

本幅画作显然是半成品，但清楚地表现出水彩铅笔画的构图、步趋、技巧、效果。有意或无意，是很好的建筑效果快图示范。

水彩铅笔画是建筑系的必修课之一，也是郑光复偏爱的表现效果图方式，在呈现园林建筑、民居风格或快图时，尤其如此。

水榭清溪 /炭笔水彩 1972

教授的菜蓝子

教师也是人，也要生活购物。以前没有洗衣机，冬天水冷刺骨，衣物得在搓衣板上手洗，患冻疮的手更红、更痒、更肿、更烂。没有电冰箱，到夏季饭菜过不了半天就坏了，所以每天都要去菜场买菜，现买现做现吃，花不少时间。菜场的货架基本是空的，早晨和下午送些肉蛋菜，售完为止，所以晚了可能就剩下黄菜叶子。有时一大早四、五点钟就要先去菜场门口用篮子排队，篮里放块半砖以免风吹走。六点临开门前人再去排，没人乘人不在插队移动篮子。

现在有人怀念那时民风够老实，大概这“有人”不是年少就是健忘，知其然不知所以然，其实在那人人具有高度革命警惕性的年代，谁也不敢因小事被变成“阶级敌人”，罚款认错是没用的，敢不老实？ 恐惧中老实与信仰中诚实，不同。恐惧的老实，不值得留念。

郑光复夫人在设计院工作，为坐班制，时间较自由的郑光复常常会拎着菜篮子，上和平路菜场排队买青菜萝卜，总是带本书排队时看，不，边走边看。好在那时没什么汽车，行人自行车也少，在校园或人行道上，边走边看书不算多危险，也没撞树上。精神抖擞的男子汉，左手臂挎着菜篮，右手捧着本书，就是当年知识分子的真实形象。

有天郑光复回家，嚷嚷着很得意：南京人就知道黄鱼带鱼，没人要其中掺夹的昌扁鱼。这鱼骨少肉厚味美，易烧，易吃，营养好，不要肉票，还便宜，多好。瞧这儿，买了好几条，今晚可以打牙祭喽。

后来他成了教授，有了冰箱，不必每天买菜，但有时还是要买菜，挎着菜篮子，里面萝卜青菜，他见到熟人嘻嘻哈哈说笑几句，一副路人甲模样。

“江南水乡田园之美如诗如梦。见之于水街， 或沿岸后退三两尺， 桥头码头留有余地，植树栽花，想当初繁华，两岸繁花沾水开，墙头关不住的红杏白李，该是何等境界！而今驳岸隙里、古桥缝间、墙头际几丛灌木古柯，垂垂郁郁的藤萝，遗风依旧……

桥是水乡的一大街景，桥下舟楫相摩，桥红伞绿衫黄袍紫衣。天光水色辉映，拱洞连影成圆，透出一片空明，倘数桥重重叠叠，益显层次丰富。”

郑光复在 1993 年编辑了《老房子》丛书并撰写第一辑《江南水乡民居》。

这幅江南小景是水彩炭笔画，非速写写生。色彩、线条、笔触，各扬其长，表现小桥流水人家的清静、素雅，特别是建筑——建筑师关注之所在！

水彩画是种古老画种，近代常用于写生速写，快捷地抓住总体彩色布局、构图、印象，但不易描绘细节。炭笔画既可用于写生速写，也可表现细微的素描，但无色彩。有的以水彩为主，铅笔勾边，可称铅/钢/毛笔水彩画。也有水彩仅添加底色，基本为铅笔表现，称为水彩铅/钢/毛笔画。若想快速、彩色、有细节，水彩加炭笔或铅笔成为理想的绘画手段。

江南水乡 /炭笔淡彩 1972

孩子们的宠物

有不少人家在阳台上搭棚子养鸡。郑光复家在三楼，也曾经买过小鸡养，绒绒的黄毛小团团叽叽喳喳满地滚，非常可爱，可惜不多久都死了，弄得小孩子们很心碎。长大出国后别人送猫咪小狗都拒绝，童心阴影未除。

母鸡也养过，还下蛋，满阳台鸡屎，用废煤灰垫上。只是有天未拴牢，成“飞机”飞掉一只，后来作罢。

也养过蚕，放在鞋盒内，盖上扎小孔透气。小孩到处找桑叶摘来喂，看着它们渐渐长大，黑的、白的、虎皮条纹的，终于有一天开始吐丝，赶紧放些干稻草之类进去。然后之间就结成透明的、半透明的、不透明的茧子，白的、淡黄的、橙黄的、粉红的，一盒子。又过几天，钻出毛乎乎灰褐色蚕蛾，丑丑地扬长而去。邻居家早早把茧剪开，弄出所有蚕蛹，倒在锅里一炒，像炒花生，满房香气。郑家小孩早躲得老远，不看，更不吃。第二年又养蚕，这次吐丝时把蚕都放到一张方凳上面，蚕没法结茧就满地吐丝，不久铺满方凳面，形成一层丝纸，或说“纯天然真丝方巾”。

小孩子还养过金鱼，不买干鱼食喂，结伙到附近河塘里捞鱼虫，一两毫米大小红红的聚成群。纱布网捞出来放进小水瓶中带回家，放进玻璃鱼缸，立时小金鱼就活泼起来，腾转游移，嘴一张一合。在小孩前的小鱼缸里表演小型猎杀，现场直播。

无论实景写生还是设计表现，画中园林小品与建筑的布局、走势、细节、省略，完全是传统国画的意境。

国画中的毛笔为软笔，不便于描绘直线几何形体，硬笔铅笔是合逻辑的代替。作为中国建筑师去表现传统中国园林建筑，水彩炭笔是绝佳方式。

中为体，西为用。

中国园林建筑 /炭笔淡彩 1972

托儿于学生

几位女大学生自愿免费带老师小孩回家过暑假?现在听起来像“天方夜谭”，不过倒是真的。

1966年夏“文革”开始后机关学校都乱了，大学停课闹革命，领导和权威们挨批斗、靠边站，到处打砸抢，幼儿园也不敢开了；大学老师们不上课，但是集中学习，斗私批修，不在家；不能把小孩子带去工作单位，认为影响革命工作；也不允许给小孩请保姆了，认为是雇工剥削。双职工的小孩没人管，大些的还好，才几岁的总不能独自留在家吧？父母们愁呵。

娄、卜、倪三位二十岁左右的女大学生放暑假前来看郑老师，得知后自荐带他四岁儿子去上海过暑假。愣小子也不认生，欣然跟着几位阿姨离家。在上海每家住几天，还去公园玩，坐旋转木马、逛动物园、泳池游泳等，倒是过了个快乐的夏天，一点也不懂父母的艰难、阿姨们的关爱和国家的非常。

学生毫无所求。这样的师生情谊与信任，在那人人互斗互整的疯狂年代，难能可贵。

是呵，只有非常的时期才会出非常的事情，而那时是个什么“非常”似乎都正常的年代。

任何时候都可能有人性的闪光。

1950 年后相当时期内，各地火车站要求功能实用第一，形式因陋就简，便于重建。至 20 世纪 60 年代始开始增建改建，改善功能与条件。

高大的候车大厅与广阔的站前广场几十年来一直是中国火车站的标准模式。“文化大革命”年代到处是“毛主席万岁”“红海洋”，造就当时公共建筑的时代特征。通常在火车站最高的钟塔位置便有这些特征，如在长沙站是大红火炬，南京站是毛主席像。

毛主席语录不仅现于立面墙上，语录牌立于站前广场，也写在建成效果图上。几乎单色的图上，唯见红色，神圣的革命色彩，红旗、红火炬、红语录牌、红语录。

在“文化大革命”的高潮，人人红宝书在手，毛主席像章别胸前。任何报刊、文件、任何正式文章上，首先写条毛主席语录。正式发言，先念毛主席语录。绝对不可少！画上的毛主席语录，高高在上，唤回记忆里那狂热的年代，无处不在的革命红。

南京火车站广场改建方案 /水彩 1968

人人自危

不是危言耸听。建筑系的一位庄老师在“文革”中准备展览时，墙上钉报纸时被人发现钉在了反面的毛主席像上，结果成了“现行反革命”，判刑十年。另一教师开会时纸上随手涂鸦，被举报看似反动标语，隔离审查好几个月。业务好的郑光复是“白专”典型。

“文化大革命”期间人人自危，怕抄家，那些被认为过于小资和私人的东西一旦被抄出，麻烦就大了，故全都烧了，包括郑光复谈恋爱和婚后两地分居时写的不少情诗家书。后来每每想到那些美好岁月和动人的诗篇至此消失，郑夫人深感遗憾。此外郑光复父母早先与民生公司有关的照片和纪念物，也被销毁或遗失了。

他给几岁的幼儿立规矩，绝不许撕任何报纸书籍。其子记得小学时唯一一次挨父亲揍，就因此，可见他那时也是十分谨慎小心，生怕祸从天降。这并非多虑，那时小孩子若有“反革命”行为，家长可能要承担严重后果。经过那个时代的人，多患某种程度的恐惧症，谨小慎微、夹着尾巴做人。还能像他后来基本恢复“正常”，难得。

在此幅图中，钟上红色处原是毛主席像。因此建筑师几乎犯下在当时来说可能颇为严重的政治错误。

在与人斗的革命时代，有同事火眼金睛，看到毛主席像放在钟上，毛主席和钟（“终”）？ 建筑师别有用心！“反革命”事件报至市革委会主任，幸亏当年彭冲主任因多项工程与建筑师熟识，否定了“反革命”性质，仅要求去除了大钟。若成了“反革命”，后果不敢想象！

改建后的南京站功能分区，人车物流明晰，便捷实用。20 世纪 90 年代失火损毁后扩大重建。

建筑师的设计和作品会有时代特征，因时因地，有时很强烈，无论主观意愿如何。

思想的鸟笼，有时不易摆脱。就算不介意钱袋，脑袋呢？

南京火车站改建方案 /水彩 1968

逆境中的选择

20世纪60年代的建筑系领导多半是郑光复的老师辈，对这位才华横溢的年轻教师颇为重用。例如，自20世纪50年代末至60年代初，建筑系投入人力物力做南京长江大桥桥头堡设计。从学生设计作业开始参与，后来教师多人合作，有两个方案入选最后全国竞赛优胜的三个方案。郑光复，据说因其除业务好外，口才出众，受委派作为设计小组代表向中央政府汇报工作进展。在多项其他工程上，也与省市领导接触颇多，表现突出。

“文革”中领导挨斗，作为业务尖子的他也作为“白专”典型挨整挨批。

并非领导都是“伯乐”，个别令人备感挫折。当年有段时间他因与个别领导有过节，错失多项发展机会。

怎么办?
1. 低头奉承拍领导马屁? 他的性格不可能。
2. 拉帮结派玩权术抗衡? 他的人格不愿意。
3. 悠闲自在混时光捞钱? 他的追求不允许。
4. 到处申诉与领导斗争? 当时国法校规媒体机制不存在。
5. 调职他就? 当时中国特有的用人制度和家庭考虑不合适。
6. 埋怨烦躁失望忧郁症? 他的乐观不自弃。
7. 此路受阻另辟新途，愈挫愈勇、屡败屡战? 虽然艰难，只能如此。

郑光复凭白浪费许多精力，孤身探索。但他后来自嘲：打一枪换个地方，眼界越来越开阔，逼得必须不断探索创新，达到他人无法取代或达到的境界。

作为建筑师，参与了20世纪50年代的北京站和60年代的南京站设计。作为教师，专长于学生小火车站设计课程。郑光复对中、小型火车站各方面深入调研，多种尝试。那时的经济技术条件以及政治风气，使火车站这类功能强的公共建筑，往往只有“在可能条件下美观”的形象要求。

蓝图是其作为教材的十多项研究设计方案中的一部分透视表现图。这些设计方案对候车厅人数各种规模进行功能研究，在立面设计上对各类形式进行尝试。在类似的规模条件，可有怎样的形式呢？ 西方现代主义、装饰风格、中国古典、传统民居等等。

彩色表现图则是一大型火车站立面透视表现，当时国际上流行的“新装饰”风格外墙，结合中国传统大屋顶的变异曲线，简单明了。天空丰富的色彩和飞扬的笔触，透露出设计师内心的热情，颇有一点凡·高绘画的意味。

现在有CAD计算机辅助设计，还有数据库。把各种资料数据输进去后，可根据各种变量进行检索、分析、报表、优选等。像图形设计也应可以分解成独立部件进行解析和合成以用于分析与试验吧。

类似的分析综合设计案例，便捷多了。只不知谁在做。

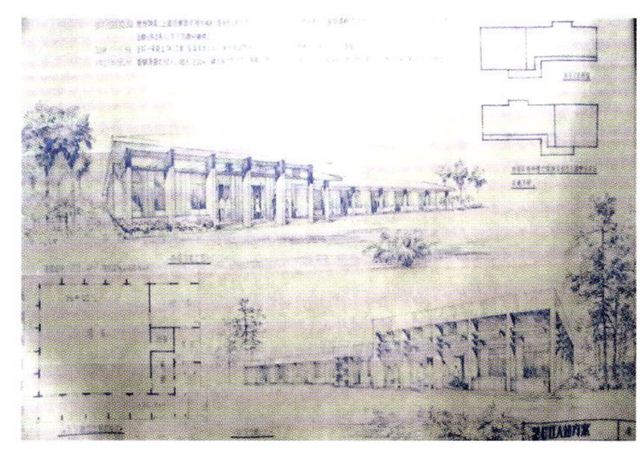

火车站设计 /水彩，蓝图 1965

“土”衣装

20世纪80年代初以前，商店里是无成衣卖的。人们凭布票买些布回来，然后自己或找裁缝做，也不讲究合身或式样，不是中山装就是军装，都是布袋似宽松。手巧的自己做衣服，每家都有台缝纫机，主要是衣服破了打补丁用。各家小孩穿膝盖补丁或接长的裤子上学，是司空见惯。老师们也一样。建筑系美术组金老师不修边幅，穿着补丁盖补丁的衣服上课，也无人见怪。逢年过节给小孩子做套新衣服，他们就很高兴了。

20世纪70年代时郑光复家里有台上海“标准牌”缝纫机，但女主人不擅长缝纫，借着二十瓦的灯光努力，花了两星期给孩子做成新衣服，视力下降至少0.2度。

以前看外国电影，见女士冰天雪地里穿裙子光着腿仅披件大衣，好奇为何腿不冷。南京的冬天常常冰点以下，外加江南的潮湿，阴冷。当时全国规定南方省份不供暖气，故室内外一样要命的冰冷。一起床就得穿棉毛衫，两层毛线衣，再套厚棉袄。下身棉毛裤套粗毛线裤再套厚棉裤，走起路来腿合不拢地叉开。最喜欢的是大棉鞋，鞋底是多层布折叠粘贴在一起，再千针万线纳起来。鞋帮里厚厚的棉花，穿上那个暖呵。出门戴棉帽，最值得炫耀的是绿布棕毛的军用大棉帽。戴着只露出指尖的毛线手套写字画图，就这样子，谁冬天手脚不生冻疮简直就是异类。冬天那到处都是这样臃肿的“胖子”，其实那时还真见不到什么胖子，报刊上的照片除外。

看看现在电视杂志上各种时装，想想当年的米其林轮胎宝宝装穿着，好土，可笑。再看看，南京至今仍不少见类似衣装。再想想，这不是时尚品位，而是生存需要。笑不起来了。

这是雨花台革命烈士陵园北轴线上的北大门，正对南京古城的南大门中华门。“文化大革命”之前的设计主要源自中国汉唐时期陵墓的门阙形制，以及西方古典建筑和纪念雕像基座的形式。自毛泽东以“星星之火可以燎原”象征中国共产党的革命后，燃燃烈火就成为革命的象征符号。所以传统建筑符号为烈火代替，在此是时代的必要与业主的要求。大门后高耸的常青树形成甬道，典型的古典设计。

在设计项目贫乏的当年，一座陵园大门在此就有六个设计表现图，建筑师兢兢业业，毫不含糊。表现方式为学院派的铅笔水彩淡彩渲染图，设计与表现图反映出建筑师的历史文化底蕴与工作态度。

这些设计注重革命烈士陵园的“陵园”两字，庄严肃穆，沉静安详，气势引导向水平贴地，但愿逝者安息，静态雕塑式的暗喻表现。

即使局部改变，也需另绘效果图。虽表现方式不尽相同，但每幅均精益求精，利人利己。

南京雨花台陵园大门 /水彩 1966

雨花台凭吊

“文革”时期每年清明前后，全市中小学生都组织去雨花台凭吊“革命烈士”。路远的小孩坐车，多数徒步。孩子们带着干粮背着流行的军用水壶，一路唱着革命歌曲。小学生太小，不能做“毛主席的红卫兵”，那就做“红小兵”吧。在纪念碑前鹦鹉学舌地宣誓完后，分班自由活动。“红小兵”们立刻变成小孩子。不必上课，春暖花开时节，去原本就是金陵名胜的风景区郊游，多开心呵。玩游戏，野餐，更多是土地里乱翻，寻找著名的五彩“雨花石”，再到池塘小溪里水洗。活动结束前孩子们聚一起互示收集的卵石并比较，一点不亚于淘金的兴奋。

当年出了巍峨的中华门，城外雨花台的山林、田野、荒坟、池塘，乡野里的山林景区，现已成市区中人工加工后的景园，周围高楼林立。有一片老坟场也推平开发，但做居住区风水不好，于是由国企建办公楼，生意兴隆，风水一点不差么，还是国企气场强大。

俗话“沧海变桑田”，形容自然环境的巨变，现更多应称“桑田变楼林”吧。

这也是雨花台革命烈士陵园北轴线上的北大门，对比早期设计，“文革”中的设计与上页的那些设计和表现显然不同。烈士陵园不仅仅是历史纪念，更用来激发人们的热情。建筑师借用革命者游行时用的红旗标语横幅的形象，形成大门，动态雕塑造型配以大范围血红色，提升凭吊烈士的人们的情绪、甚至斗争性。尽管建筑师的创造性多半时候是限定在业主划定的框架内，在特定时代思潮和业主要求指导下，青年建筑师仍旧熟练地展示其设计理念、艺术理解和表现技巧。建筑符号形象是特定的时代或业主的要求，但设计作品的表现力和感染力则是设计师的功力展示。

大门上的语录、标语是党的革命文宣和印章。不仅当年无处不在，40 多年后的今天仍鲜明地写在中国首都北京市中心的天安门城楼上。七百年的皇城门楼能变成革命政权的象征，标语的鲜明作用功不可没。

这些设计注重革命烈士陵园的“革命”二字，挺拔崇高，张扬激荡，气势直冲云霄，再现烈士的革命场景，动态电影似的直白定格。

也许设计具有某些那个时代的典型符号，不过象征寓意鲜明直观，是典型的纪念建筑设计方式。在那个时期，大学关闭多年。大家各地游行串联，文攻武斗，上山下乡，斗私批修。教师不上课，建筑师少项目，对这小项目这样持久认真地研究修改，现今是没人做了。当年倒也不尽是执著，只是缺乏设计项目与机会。

南京雨花台陵园大门 / 水粉 1970

雨花台革命烈士陵园设计

20世纪60、70年代的十几年间，郑光复不惜工本、不计报酬（当时没有任何报酬），兢兢业业地义务为雨花台陵园设计，勤奋工作。当年雨花台陵园负责人、老红军陈主任后来充满感情地提及：郑光复几十年呕心沥血为雨花台陵园设计建设做贡献，从黑发青壮年一直做到白发苍苍。他与陵园建设各相关机构、管理处工作人员相处几十年，也都成为老朋友了。

起初是做工程，后来是做人。

雨花台陵园现状（龙虎网下载）

雨花台成革命烈士陵园后，很多年除山丘顶上一座小型纪念碑、台阶及几间陈列室等，并无多少纪念建筑。当时政府召集了一批建筑、艺术、园林、文史人才合作对其重建。郑光复参与建筑方面，提出几项总体规划方案广泛征求意见，此后又具体到主要建筑单体的设计。

鉴于多年合作经历，园林局委托郑光复做综合新纪念碑与纪念陈列馆总体设计。多方多轮初步研究与设计方案，利用地形环境和原有池塘，形成如图的总体设计。郑光复从总体规划布局到单体建筑设计都做了大量调研和探索方案。

布局自陵园南入口，转入拾级而上是对称的高大空灵柱廊与大屋顶的纪念陈列馆，也是南中轴的起始门楼，跨过旱桥，分进池塘改成的倒影池两侧，拾阶而上，上达纪念碑广场，面对高大纪念碑。整体风格是具中国殿堂古典建筑形象特征，同时有西方砖石殿堂古典建筑精神，延续了南京中山陵中西古典合璧的精髓。显然，也有革命年代鲜明的印记。

“文革”后总算工程成熟落实，进入详细设计阶段，郑光复所在的南京工学院受委托负责设计。对此省市重点工程，领导和权威很重视也很感兴趣，个别行政领导的学长，利用掌握的资源，得到项目，决定自己做，郑光复虽多年努力就此靠边站。个别领导综合以往规划设计（大体是郑光复的）形成新的方案，并发展成最终设计。大体构思布局是：

布局自陵园南入口，转入拾级而上是对称的高大厚实墙面与大屋顶的纪念陈列馆，也是南中轴的起始门楼，跨过水桥，分进池塘改成的倒影池两侧，拾阶而上，上达纪念碑广场，面对高大纪念碑。整体风格是具中国殿堂古典建筑形象特征，同时有西方砖石殿堂古典建筑精神，延续了南京中山陵中西古典合璧的精髓。自然，鲜有革命年代鲜明的印记。

看仔细喽，上段文字与前述一段还是有差别的哦，差别在哪里？ 除建筑物局部以及时代特征的建筑元素外，整体构思差别并不大。若有幸参访过雨花台革命烈士陵园的人，能看到该原创设计与建成场所的关联，虽然设计原创者已无人知晓。

南京雨花台陵园南轴线鸟瞰 / 水粉 1976

早操，早请示

每天早上六点多，宿舍区的扩音喇叭开始播放嘹亮的革命歌曲，播广播操。睡意全无，学生老师围着操场跑步做操，郑光复每早慢跑四、五圈，回家冲冷水澡，坚持到十一、十二月份。瘦精精的但健康，精力充沛。

“文革”时，宿舍楼每一层的每一个人，早上被高音喇叭吵醒，都集合到楼梯口张贴的毛主席像前，手握小红书，念语录表忠心。“早请示，晚汇报”。两位有历史或出身问题的教师则在昏暗的走廊尽头罚站，低斗认罪反省。有什么“最高指示”新到，或重大活动，还要一起跳忠字舞，后来是唱革命样板戏。各家的几位幼儿园小姑娘们此时最开心，踊跃领舞，卖力地表演，劲头一点也不逊色于现在参加“好声音”的选手。

古典殿堂的典型立面——几乎全白色、大台阶、高大柱廊环绕、厚重石墙、唐朝式样的出檐和大屋顶。中西古典纪念建筑相融合，雄伟肃穆、气势磅礴，鲜明的中国纪念建筑。

除设计外，表现效果图相当特别——宣纸水墨画。

在宣纸上（几乎）黑白水墨画表现横平竖直的纪念建筑，必有经年的中国水墨画功力，又具科班的西方渲染图功底。不多见！

想知道诀窍吗？先看一条，如何用毛笔画出粗细深浅一致的长直线条？用较硬较大的狼毫毛笔蘸足够的墨汁，除握毛笔三指外另伸出一指紧靠戒尺，匀速稳定地移动，由始至终一气呵成。

再看一块，如何用毛笔渲染大片平面？用大羊毫毛笔蘸饱墨色，砌砖似一块挨一块地从一边开始铺满整片。虽每笔触都见，但整片平整。

知道了？这不仅是知识，更是技巧，必须多练习。

南京雨花台陵园纪念馆设计图 1 / 宣纸水墨 1976

在古城墙挖防空洞

20世纪60年代末，中国与苏联关系紧张，全国各地挖防空洞。在东南大学北边的北极阁山下挖洞，甚至在玄武湖边解放门往紫金山方向的明朝初期高大城墙内开挖长暗道。据说便于城墙内的市级机关人员沿墙内暗道疏散至城外紫金山下。

身为多年研究建筑历史的教师、热爱古建筑的建筑师，也要亲自参与破坏几百年历史的明初皇城墙，身心俱疲、麻木。今天若有人留心的话，也许能注意到玄武湖南边九华山下的城墙上，还有当年的防空洞洞口遗迹，例如听秋亭后面(下图)。唉，这种自残的糗事谁都不愿提，再揭伤疤是不是有点缺德？不过揭伤疤虽然有点痛，但免得忘记。

听秋亭后防空洞洞口遗迹

本图也是古典殿堂的典型立面——基本淡粉白色、大台阶、高大柱前廊、厚重石墙，出檐大屋顶、配房两侧前伸。也有变异，火炬宝顶、红旗角饰等。

此水粉重彩表现效果图非常精细。注意到墙面了么？无论面阳或背阴，几乎每块大理石都有详细的纹理，并不重复。琉璃的光滑闪亮，玻璃的通透反映，乃至树木的枝叶茂密，均细致地描绘。远观全图为建筑效果表现图，近看局部是质材展示装饰画。

不仅是建筑师，也是画家，花了多少功夫与心血，才可制作这幅精品。如果彩色扫描放大局部，可作出不少装饰图画呢。

南京雨花台陵园纪念馆设计图2 /水粉 1976

流行标志

不同的时代与地区通常会在当时的建筑物上留下典型印迹，其中有些源自强烈的政治文化风气。“包豪斯”建筑与设计风格的兴起，是对第一次世界大战后欧洲政经文化的反映，其词典和词汇设计界众所周知。南京典型的民国建筑风格结合中西古典，也是那时代和地区的政治文化体现。

红旗、火炬、标语、枪杆子等是中国革命斗争的象征。在强调和宣扬革命主题时，采用这些象征形象简明直观，是当时的标志。但如何改变其成建筑形象并配合其他元素构成和谐整体，如何运用这些标志形象在建筑设计中而不落俗套，则是个挑战。

1968年“文革”期间，著名的南京长江大桥建成通车。郑光复参加了桥头公园规划、桥头堡建筑、桥栏造型等设计。火炬、红旗、工农兵、革命圣地，同样是当时的流行素材。

这里的设计基本上沿袭民国风格古典建筑的传统布局与形制，但在一些关键处以革命题材形象符号取代。这是中国那时标志性的建筑风格。

设计与前页方案大同小异，只是采用更多革命题材的符号形象，火炬、红旗、花圈，“在烈火中永生”——以新四军军长叶挺狱中诗摘为主题。

红色年代流行红，树叶都画红枫。好在尚未疯狂到红屋顶、红墙。

流行，
意味着不长久，
意味着将来成过时，
意味着成时代的标签，
意味着潜在考古价值，
意味着可能的珍贵文物。

别轻视那些过时的东西，尤其成时代标签的过时品，那离文物已不远了。对于文物，独特的经历与故事只会增加价值。好了，离题了。

南京雨花台陵园纪念馆设计图3、4 /水粉 1976

职业生涯的间断

现在求职、介绍人物等要求履历简介，历数职业经历。而人的职业生涯有时有间断，可能生儿育女做家务，周游列国做义工，或下海经商蹲监狱等等。只要与相关职业无关，或不愿人知，习惯上多省略空缺。

郑光复的大学教师和建筑师生涯，在1970年前后也有间断，既没教书，也几乎没做设计。做什么呢?

其中有一年左右，郑光复做农民，在南京工学院那时在苏北金湖县设立的一所农场，做全职农民。教职工轮流去做农活一年，不能看书，尤其严禁看外文书刊。种田，养猪，养鸡，住在搭在夯土基上的棚屋内，十几人一间。唯一不同于附近农村的是有一间大食堂。城市食品分配制度使教师们享有较农民好的饮食条件。但为表现虚心向贫下中农学习，穿衣又旧又破。当地农民戏称南工的老师们“穿得破，吃得好”。但教师们的身心确实受到影响。建筑系一位邓老师收到母亲病危电报，工宣队代表不让请假，说是正值农忙。等再收到其母已去世的电报才准假几日，情何以堪。早春天寒水冷，让下水田插秧，连续多日。许多人染病，郑光复1972年去劳动一年，也因此患上风湿关节炎，终生受累。

郑光复的母亲在京住了十几年，那时被赶回四川原籍，生死由命。二弟去清华大学在江西省南昌鲤鱼洲的劳改农场改的“五七农场”受再教育，染上当地的血吸虫病。小妹随地质队在贵州穷山恶水间挣扎。小弟是清华附中的平民学生，毕业既无大学上，就去山西的穷山区插队落户，后来又去煤矿挖煤。那可是全家，不，全国的艰难岁月。

基于对中国“三农”的这段经历，郑光复倒是对农村、农民、农事了解不少。他晚年热衷研究和实践乡村城镇化的理论和途径。

有时看似职业生涯的间断中的经历，可能对人生影响重大，并最终对职业生涯也影响重大，其实不应在职业履历上省略的。不少征人经理、读者反而关注职业生涯中的间断空白。不清不楚的间断空白，只会给人无限猜想的空间，而且可能是负面猜想。

雨花台有泉并产茶。南宋诗人陆游汲雨花泉水沏雨花茶后，品为二泉。此处在明清成为金陵胜景之一。自成革命烈士陵园后人流如织，当年房舍几乎无存，需建餐饮之处并附陵园管理之所。

身为建筑系园林建筑设计课老师，郑光复对江南园林有多年研究，与园林局合作多年。居二泉原址的茶社，依坡就势，穿插绿林间，先后经多种设计方案及改动。郑光复每次都精心绘制修改后的设计效果图，以江南园林的“词汇”与“语法”，但不抄袭既有，加上自创的“词汇”，作出独立但合韵的“诗章”。

谈到诗章，建筑师自幼喜好诗词，朗诵，实际上毕生是业余诗人。

设计表现效果图有铅笔淡彩，水粉重彩，各异其趣。

江南园林的清雅文人风格不同于北京园林的富丽皇族形式。黑白或淡彩山水画亦不同于重彩人物花鸟画。

此效果图虽水彩铅笔画，颇具天人合一的传统中国水墨山水画的诗情画意。

本图入选1987年版的《中国建筑画选》。

南京雨花台陵园“二泉”茶室 /水粉 1975

在农场战天斗地

郑光复在金湖县南工农场每日干农活精疲力竭，也不让读业务书，只能抽空写信给亲友，抒发感想与希望。1972年7月4日写给他的文学挚友曾立平的信中描写暴风雨中的农活：

“立平：
来信让我很是高兴。本来用不着写这信——回宁欢晤了。可是我已安排在第二批即约20日回去，只好再迟十来天见面了。

近来有许多话想同你谈谈，信上也写不了。现在正是‘双抢’（抢时间收获、抢时间下种，即夏收、夏种）大忙，无论暴风雨艳阳，白天黑夜，都在田里干。很久没有休息日了，人也疲惫不堪。有时还得干两夜一天才能上床。

在生活中，在人生的征途上，总是也少不了各样的天气，你的感受，给我很大的鼓舞。见到这大风雨，我则体验到繁忙、紧张与战斗的欢乐。连日大雨，想必是你们忙个不停的时候？而我呢，则几乎一日不断地在水田里，一个多月来，鞋子没有怎么穿了，外裤也很少穿了。往往是上面穿着棉背心棉衣——直到一周前还这样——下面短内裤，披着各色雨衣、塑料薄膜，深深地插在水田里，或拖泥带水地走在水田里。雨打得有些人说痛，确是痛快淋漓。漫天漫田卷来，上上下下、前前后后，无不是水。仿佛天河倾倒，田水横溢，这大田茫茫一片，远树隐隐于烟雨之中，愈益增添着国画风雨的诗情画意，愈远，而若浩渺的岸边。我们好像立在天河之中了，水包围在上下周围，一切都在疾驰飞舞，雷霆贴水而来，吓得有些女同志为之变色。云雾弥漫，乌云连天。而我们则顶着这狂风暴雨奋战，平田、插秧……那箭雨也奈何我们不得，那怒风也扯不掉雨衣，拔不掉嫩秧。那小小的秧苗，也同我们一起经历着考验。别看它们那样的嫩小脆弱，风吹得它们贴在水面，可是一个也不倒，都坚定地立稳了根，很是可爱。有时，冷得我们牙齿发颤，往往衣裤也湿了，但是我们终于坚持了下来，取得了胜利。前天，完成了抢种的全部任务，可以开始安排休息了。（好久没有休息日）而真正的‘休息’是没有的，仍常常顶着风雨奋战。这里水鸥很多，野鸡也见惯，而海燕，却在我们心中高歌飞掠着，战斗在任何的风雨之中，迎接着胜利的喜悦。人是有希望的，瞩目于明天更大的胜利。这又区别于任何的禽兽，更高一筹。我们懂得希望，富有希望，并将夺得所希望的。

20日回宁后再见畅叙一番，那许是另一番情境，听雨“剪烛”话雨时了吧？——听说南京城内外大水。
老郑 7.4”

看得出深受苏联革命作家高尔基著名的《海燕之歌》的影响：“——让暴风雨来得更猛烈些吧！” 其实当时也只能用革命的战斗语言来表述。郑光复当时尚不到四十岁，7月4日是盛夏，在大雨和水田中久了却要穿棉衣，冷天更可想而知。但他在艰苦中仍透着坚强、希望和浪漫情怀。

这里每幅表现效果图后面，都是全套建筑图纸的重新绘制、不断的修改设计，当然还有多少日月的调研讨论。建筑表现图不仅是一幅画，每一笔可能就意味着成千上万元的花费和工程技术的方式。建筑平、立剖面图是给专业人员看的，效果图是给各类人看的，但外行看热闹，内行看门道。

几幅效果图比较一下，看出建筑师的设计尝试了吗？

现在有建筑CAD、电脑表现图，建筑师不必从头到尾、自大至小一笔一笔地画，可省多少时间和精力呀。

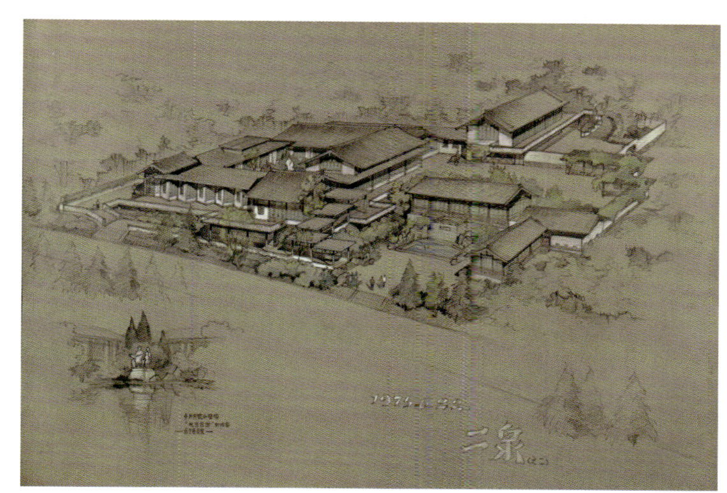

南京雨花台陵园“二泉”之二 /炭笔水彩 1975

小诗《桑葚》 和《鸥》

这是郑光复1972年11月1日在金湖县南工农场时写的小诗（立平修饰后），他艰辛劳作的触景生情——《桑葚》和梦想自由的心境——《鸥》。

《桑葚》

“你这样殷红甜蜜，
却羞涩地藏在叶底。
像悄悄掩饰的小创口，
挂着紫红的血滴。
触目印心的果实啊，
你不就是鲜血变的？

从我们辛劳的田地，
残茬扎穿的脚底，
两手磨破的血泡，
蚂蟥叮咬的腿皮，
镰刀割伤的指头，
那点点斑斑的血迹。

哦，原来却升华凝满桑枝，
结成紫红的血滴。
像翠绒覆盖的宝石，
微小而珍贵，
永远藏在我们心里，
是这样殷红甜蜜。”

《鸥》

“你从天外海边，
飞到这大片水田。
似曾相识，
在哪个海滨?沿着什么路途，
飞来回旋流连。

呵！金湖湖连湖，
田水水连天。
湖田万顷水天阔，
滔滔四海任翩跹。
白鸥翔千里，
扶摇我胸间。”

1955年在新安江造水库，淹没了很多村镇，形成现在的千岛湖。20世纪70年代初郑光复受水电站委托设计礼堂，乘船考察湖边村镇，多为搬迁后的简陋新城，无史可鉴。

设计采用薄壳结构，不光为造型。从成本、技术、环境、施工着想，观众席直接坐落在山坡上。只需轻便顶盖与墙壁，薄壳结构恰如其分。

随身带的铅笔水彩写生用具，足够用于现场设计构想的快图效果表现。

新安江水库淹没了很多村镇，包括几百年的古城贺城与狮城。

近来发现古城避免了人为浩劫和自然损害，保存相当完整。虽不如古罗马庞贝古城久远，但仍令人心激动。有不少旅游开发者建议，潜水艇载客穿行古城，容量小，且有损害古迹或危害游客生命事故的可能；围坝抽水露城，工程大，且会损害古城；“阿基米得”水中悬桥是技术猜想，不现实；游客个人潜水，除非游客是潜水专家，且无法控制其行为与风险。这些建议大体在安全、成本、技术、操作、环境、天气等上有不足，受影响，不现实。此倒有一建议：

可以安装几十、成百的水下遥控摄像机，相当于监控器，即时把水下景观传回中心监控室。通过电脑合成编组，投放大银幕上放映给观众，或者收费后让观众自己在小屏幕上的地图选择景象。此方法对人、古迹无影响，任何时候可观看。成本不大，施工不复杂，只需铺水下电缆，架设摄像机在可分离支架上，便于替换。唯一缺点是怕人偷窃，所以需24 小时全天监控，且就近得有维修守卫站。好在随技术进步，水下摄像头在技术与费用上都相对现实可行。

浙江新安江礼堂 / 炭笔水彩 1972

逃地震的自治村

1976年唐山大地震后各地如惊弓之鸟，谣言四起。先是各家派人夜里轮班不睡觉，若有震感和反常立刻敲铁脸盆示警，结果十来岁小孩都排上值班。没几日风声更紧，据说宿舍楼都不抗震，一震就垮，大家晚上不敢睡在楼房里，只敢在空旷之地睡觉。

夏天文昌桥宿舍区有很多人甚至把床搬到校东大操场上，支起蚊帐，披上塑料布，露宿，风雨无阻。鼾声哭声或其他什么声混响，人们也不在乎，非常时期大家将就。可不久床太多太混乱，小孩子们到处乱钻，有时找不到自己的“床家”，哇哇大哭。于是大家协商重新安排。

此时建筑系教师的规划建筑才能得到充分展示，大大小小的床们居然排得有街有巷，按住户原宿舍楼分区明确，交通顺畅，治安良好，秩序井然。还有楼长、区长之类便于沟通，这倒不是任命的，而是“床主”们推选的。居然“非法”集合组织，怎么没党的领导呀?好在当时无人追究，大概大家逃生要紧，忘了革命组织性。不久后紧张过去，天气渐凉，自然村大体散去。

难见的一次民众自发的科学与民主的实践，公正高效，虽然时间很短。

流线型楼梯拐角处设圆水池，中立深色大理石腰鼓四棱柱，一面浮雕，另一面开槽水瀑而下。柱顶树枝状抛光金属管上，耸立花苞形灯具。背后一丛青竹，阳光透窗斜照。这样的现代工业设计小品，会怎样表现效果？

居然为黑白宣纸水墨画。每样材质都表现得精准。

哇！室内小品、摩登造型、现代材质，却水墨表现？也许少见多怪，哪里见过？绝对稀罕。只能说：哇!

优秀的设计效果图不仅是“职业”的图，也是“艺术”的画。

室内柱灯 /宣纸水墨 1972

再次打开国门看世界

1977—1992年

历史上的中国本土分分合合，对外国则关关开开。20世纪70年代末再次打开国门，放眼世界，回顾过去，中国何去何从？当时邓小平提出“摸着石头过河”，那就大家一起摸索吧。

作为建筑系教师和建筑师，如何摸索？

书页典型格式

建筑系的“游山玩水”

作教师有个优点，不是坐班制，除固定开课时间，日程比较机动，每年寒暑假的两三个月更可自己支配时间，自修、外出调研、做设计等。建筑设计没什么实验、设备支出，经费主要用在出差、拍照上。其他科系嘲讽建筑系的科研就是“游山玩水”。尤其退休后，不用教学，有更多时间自己安排，除西藏等个别地区外，郑光复倒确实全国各地走遍了，见多识广。古人曰：读万卷书，行万里路。

漓江顺水而下，奇峰迭出，美不胜收。现在人们会举着相机拍个不停。几十年前，建筑师则捧着速写本不停地画。船行景变，不能像照相那样一秒一张，但也没多少时间，草草几笔勾画，一两分钟。下一景。这几页就是这种速写——快速写真，甚至不是完整的画。

同一页纸画几幅速写，下边一幅不是倒影，是把纸倒转后画的。

过去建筑师外出调研，多带着速写本。看到感兴趣的，就画几笔，形象片断记录，并非画作，就像别人笔记簿上写几句，记录所见所闻。

现在就不必画喽。端着照相机或摄像机一通拍，还是彩色的。也不必费时费力找出版社出书，若非名人、领导，不是还得化缘自筹么？干脆直接网络上载、微博，即时传播各地。真是时代不同，先进啦。代沟？

讲到建筑师用照相机取代速写，联想到画草图，是共通的，仅仅目的不同而已。速写可以训练画草图的技能。

照相机也许可代替铅笔速写，记录所见的客观存在，但无法记录所思的主观构想。作为设计者，记录随时闪现的思绪与创意，目前硬笔草图仍是最便捷的。

现在智能手机、平板电脑有速写软件，方便、自存、易改、易传输，兴许会成几百年来速写真正的替代品吧？很期待。

漓江速写 1 / 炭笔 1977

发挥教师的作用

1980年郑光复在给上级领导的“关于充分发挥高校教师作用的建议”中写道：

“一些历史较久的院校系科，业务上成熟的教师高度密集，互相限制，互相抵消，甚至互相倾轧。摩擦力太大，严重妨碍了机器运转。像公共汽车门口挤成一团，谁都上不去。也有成伙抢车门，把别人拉下来，自己上车的。

文人相轻说的是主观因素，更重要的是客观上存在的矛盾。将业务水平、活动能力、年资相当的教师密集起来，造成互相争斗的局面。庄稼过度密植，彼此都长不好，它们没有思想问题，而自然规律迫使它们争夺水、肥、空气和阳光。密集的成熟的教师，在业务上不相上下，又有不同的学术观点、治学方法和学术发展方向，彼此不可能做助手的情况下，对于相对说来少得多的条件和机会，就要激烈竞争。多数压制少数，在科学技术、教学和学术观点等问题上，不可能少数服从多数！

……

‘间苗’后留下的可以成长得更快、更好。‘间’出去的也可以在移植后长得更快、更好。同时补充年轻人，把‘人才挤挤’变成‘人才济济’。当然如何‘间苗’尚可研究。

一团部队，全是团营级干部，一定打不好仗。高校在学术业务与教学上要‘攻坚’，也要有某种层级的建制……

我们一方面是到处极缺人才，另一方面在某些高校某些系里，却十分慷慨地浪费年富力强、业务成熟的人才。把业务水平和资历相近的人高度集中，使其互相搏斗、互相限制、互相抵消，比人少些还糟。有人直率地说：要做成一点事，就是要拉一伙人，不同意的可离开。

……

充分发挥教师的作用，主要是使其能尽展其才，能充分用其所学。能做到这一点，物质条件差一些，干劲也大。否则生活再好，而不能充分发挥作用，只是浪费。”

在人才众多的科教单位，需要分层次、分建制、分梯队。以共同学派或观念整合的团队，并鼓励创新，才能各尽其才。否则就让人人平庸，或恶性争斗。这基本上是组织体系与领导艺术的问题。

郑光复三十多年前的分析与建议，今天还可借鉴。我们现在工作的单位，有改善吗?

篷船、方帆、农屋、小桥、奇峰、倒影。谁能认出是漓江什么峰、什么景？

江河通常浪小水浅岸近，水里的小船平底低船首，帆也是方块形，真的“方舟”。

顺漓江漂流而下，目不暇接，手不闲置。画、画、画。

这速写真够“速”的。若有时间，别乘桂林至阳朔的旅游船，百里画卷，匆匆驶过，比电影院看风光片也差不多。精力好也许骑车徒步到杨堤、兴坪等小村寨小住。坐小竹筏漂流一段，悠悠地漂着，呆呆地看着，闲闲地画着，轻轻地聊着。这才是真正的漓江情调体验。

有没有桂林与阳朔间沿途各村停靠的班船呀？旅游旺季每天几班，游客可以沿江各村上下，转一转或小住一晚，不是有利于深化当地旅游么？当地与旅游部门安排农舍达一定卫生安全标准，网上指南，成农家乐，多好。

漓江速写2 /炭笔 1977

天阴、峰暗、水静、舟闲。一点点散漫，一丝丝忧郁。

透明水彩山水写生，可有种空透清远之气。这幅画部分水粉，增加些许实在世俗之感。

通常的漓江山水画都力图表现那种轻巧空灵，见多了有点睡意。其实漓江也有风雨阴沉，吹起心中的不一样的涟漪，共鸣。

据说近年漓江经常枯水至几乎断流。没有清透，没有波涛，只有泥滩。画家的心头笔尖，大概也会干涸的吧。

漓江游 /水彩　1977

云天、静水、山影、远帆，都大笔淡彩无痕，鲜明衬托对比出小笔触重彩堆色的山岩、宝塔、密叶、丰草、河石，还有，撑篙的渔夫。

象鼻山是桂林的象征景点。各种绘画摄影作品多如牛毛，此画也无出其右，不过还是画得很有特色。至少现在再找不到如此位置作画了。临江马路车流喧嚣，沿水一侧被树篱围栏遮了个严实，看不到城市公共美景，以便有人圈地圈钱。附近区域成公园，买票入内，还到处有少数民族盛装女子，拉人合照相。“笑一个”，咔嚓照两张相，到此一游。早没兴致坐下画画了。

桂林象鼻山 /水粉 1977

不透明水粉城市风景写生，蛮实在，世俗，现实表现。除了山水风景画中典型的天、地、山、水、田、树、光、影等，还有几何形的房屋、街道。西方古典风景画风格。

近来去过吗？这幅画是三十年前的写生么？怎么像是三百年前画的？可能当时天色暗，或颜色经年变暗，或画家心情暗。

若三十多年前去过，现在还是别去啦，心情一定暗，当年的山峰间的绿野翠树早已变成拥挤的楼宇，清澈的漓江几乎成了黄河。不信？看一看下图。

近来人们热衷收集老照片，对比现世现景。这画不久也会有历史价值的。

桂林叠彩山俯瞰漓江（采自 House365•com）

桂林叠彩山俯瞰漓江 / 水彩 1977

理想 + 努力 + ……

郑光复从小志向远大，充满理想，并为此不懈努力，尤其在艰难时候，更靠理想和希望的精神。在“文化大革命”中虽在乡下种田“改造”，仍保持乐观精神与理想。那时在给友人的信里写道：

“人生能够没有理想吗？ 陶渊明还留下一篇《桃花源记》，陆游绝笔的《示儿》总使我心血涌沸、热泪盈眶。古人那无数的理想，至今还是人类的精神力量；没有对上天的向往，就没有飞机；没有哥伦布那一类的信念，当时怎能发现新大陆；布鲁诺为发扬‘日心说’宁可焚身而不悔；富兰克林为了解电而几乎丧生于风筝……哪一个不是为人类千年追求的理想，竭尽一生。我想，人之区别于猩猩，不仅在于使用工具，还在于有理想。现实当然要，但不是只看食物槽。有理想又能够艰苦奋斗，坚定顽强，哪怕羽毛不丰，像一只雏鹰。暂时远远比不上名誉地位待遇都高贵的人们，但是羽毛丰润的肥母鸡，终不能飞得比飞得最低的鹰那么高。

风方起于青萍之末而知其必将长驱万里，贵在其势。”

有理想和希望，也要不懈努力，越挫越勇，百折不挠。

他写道：“青年时代的哀乐悲欢，当年的憧憬、艰险，泅过苦海到达此岸。过来了，不堪回首的那一段崎岖、高寒、仲春、盛夏、冰窟交替。像淬火一般从高温骤然入冰水，再如此反复地锻、炼，终于使我坚强。再回首当年，使我更参悟了人生的斗争哲学。幸福不是热带丛林的香蕉，是只有披荆斩棘、不畏艰险者得自山巅的核桃。

攀登知识的高峰，要有坚忍不拔、勇往直前、百折不回的毅力。一帆风顺，在一生中是极少有的事。胜利，不会没有代价的。收获，不会不流汗的。”

他就是这样一生勤奋，每天都似乎没有明天，今天就得完成这许多事似的。他不在乎物质享受，身体只是他追求精神理想的工具与载体。他倒是相当注重锻炼与饮食健康，力图保持这个载体的上佳运作状态，可他的“肉”远远追逐不上飞跃“灵”的步伐，负荷不了多重“灵”的寄托。他是希望像孙悟空能分身，或者，有得力帮手的。

取景、构图、用色、笔触、题记、意境，完全是中国水墨山水画。只是这里用铅笔，且称之炭铅山水画吧。

抗日战争时重庆有不少避难的著名国画家。郑光复童年有幸受教，影响毕生。面对风景，脑中映出传统中国山水，自然画起中国山水画，虽然用的是西式炭笔、水彩。

同样风景、同用炭笔水彩，西洋画家会如何选景作画？

庐山 望江寺 /炭笔 1979

云雾迷漫，峰回路转。攀登山径，忽见突石孤松耸立，啊，奇景！

停下，找块石头坐下，拿出随身带的画板画具水杯，摆开。先用铅笔快速构图，再蘸色挥毫着彩。一晃，四十分钟过去了，水彩速写完了。左右一看，亲朋们先走啦，赶紧收拾，追。回家后，包中拿出一叠画展示，一片赞叹之声！这就是当年建筑师们的旅行写真。

停下，站定，举起挂脖上的单反相机，打开，移盖，对镜，调焦，按快门，咔嚓。回放，不错，一共十秒钟。相机递给亲朋，疾前几步，摆出“托塔天王”状，再咔嚓。呼朋唤友，走。回家后，接上网，上载几百幅照片共赏，一串回复！这就是当前建筑师们的旅游纪实。

彩色照相机好啊！谁谁比我的照片更好？明天就去单位申请，强烈要求更高级的相机！

庐山山径 / 水彩 1980

几上庐山

20世纪70年代末郑光复做庐山风景区规划与园林设计，几上庐山，实地考察调研，走遍各景区。美景当前，作建筑师，也作画家，绘制了很多幅炭笔铅笔以及水彩写真画。

或速写，潦草几笔勾画，求快，求意；
或写真，精心细笔绘制，求好，求真。

郑光复在庐山考察时速写

近景危岩劲松、中景横山幽谷、远景低云浩湖，绝美景观。画一幅，意犹未尽，再画。这里是其中两幅炭笔速写，两幅水彩写生。

瞧，炭笔画大笔触，线条狂放不拘，显得仓促。水彩小笔触，色彩落实有据，看着安闲。会不会当场炭笔速写，回来有时间再水彩写真？

庐山 吴楼后谷望平原及鄱阳湖 / 炭笔，水彩 1979

非常惊险的悬崖绝壁，瞧着都心颤。铅笔写生，再来幅水彩写生。还不过瘾，崖顶加几个人，还有穿裙子的。又无围栏，山风一吹，不怕吹飞么？幸好不是现实照片，只是绘画艺术加工吧。确画出了气势。

庐山 /炭笔，水彩 1979

庐山 /水彩 1979

“飞流直下三千尺，疑是银河落九天”。李白写庐山瀑布的诗，流传千古。飞瀑扑面而来，谁不兴奋地张臂欢呼？

构图磅礴，颜色交融，人姿激扬，水清空灵。

能看到飞流贯顶么?
能感到雾气罩身么?
能听到鸣瀑震耳么?
能闻到山涧清肺么?
不能?
画中两位能吧。
没想象力。还
能尝到庐山云雾呢!
对不起，漏了个字，茶。
庐山游客都会买云雾茶。

此画的确唤醒了游庐山的美好回忆!

庐山悬瀑——疑是银河落九天 /水彩 1979

不知是否庐山写生，几乎就是幅抽象彩画，因几棵树，一座亭，显示现实的风景画。显然画家眼中只有山岩中的一泓碧青的池，其他都仅是点缀。多大一片鲜亮青绿

若更加简化周围环境，改成荧光青绿色，旧象印象会更强烈。

绿中那一点红不像是代表红叶、或红鱼，倒像是不慎掉落的色滴。不过，它确实让那绿色更加鲜明。精明的小技巧。

庐山 /水彩 1979

庐山上的天气，一天三变。雾裹、日出、云来、雨去。相同的溪流、高岸、青松、白桥，同景不同情调。阴晴湿干总相宜。

也许，刚掉进水里，出来就在潮湿的纸上画。

也许，画时忘戴近视眼镜。“雾蒙蒙，水蒙蒙”。

清晨的雾迷与午间的光亮 / 水彩 1979

暑假去北京、承德

1981年带几名学生利用暑假去北京、承德参观。改革开放初期，很多名胜古迹尚破旧，没人管。有的在维修，郑光复就顺粗毛竹搭的脚手架爬上大屋顶，又测绘又拍照，还一边给学生讲解。承德外八庙的普宁寺大乘阁顶层是四角各一座四坡小尖顶，簇拥中间一座较大的四坡屋顶。郑光复指着顶层问：五座四坡顶上宝顶有什么不同？看起来四角的宝顶与其屋顶尺度相配，但中间的宝顶对其屋顶明显不合，太大且拔高。当时造错了？不是，它不是配自身屋顶的宝顶，是统驭整个顶层屋顶的宝顶，所以要大；阁雄伟高大，且考虑下面人的视角，它也是控制整个大乘阁的宝顶，所以要拔高。在做北京火车站的琉璃顶设计时，我就是学这儿。

承德外八庙的普宁寺大乘阁 （采自china.com.cn ）

阳光透过树间洒在石上、水中，斑斓五彩。山涧从石缝中挤出，跳跃、漫流在石块上，叮咚闪烁。岸边刚硬的彩石、溪间圆滑的水石、潭下漂柔的青石，相辉照映。能想象这幅美景么？ 还是看画吧。画得够美吧？

画家看到如此美景，坐下，支起画架，开始画。再不想走了，也不必速写了，全身心地写真。

画着
每片树叶、
每块岩石、
每道水波、
每缕光影。
还有，自己的
每时喜悦。

看出了山中美景，
也感到画家心中美境，
更唤起观者头中美梦：
是哪里呀？
也想去看看！

清溪 / 水彩 1979

浩荡大江，秀峰突起，中流砥柱，名小孤山。与南岸澎浪矶夹江似门，称“楚吴海门”。既然孤立远世，自是僧人禅境之处。小寺壁立，山水之旁，江天之间。大江东去滚滚，我自岿然不动。

此画是船过时的速写，近景小孤山。蓝天、黄涛、褐岩、翠树、白墙、青瓦，历历在目。古寺庙，自然回归，很含蓄。

想象此景若在欧洲，可能峰顶耸立修道院、古城堡，尖塔向天，傲然于世，更张扬。

此画三十多年前之景。近来扩寺，多层大楼一大块拦腰截山三分之一（看下图），大概不久要与山争大吧。既不隐，也不傲，只是突兀、丑陋。就算扩容，体形要化整为零。

现在的和尚可能作为世俗职业，远多过宗教信仰。希望我错了，南无阿弥陀佛！

安庆长江中的小孤山现状（采自 ahsscz.gov.cn ）

江心洲山寺 / 水彩 1980

良师益友

20世纪70年代初开始有工农兵大学生，此后有恢复高考后的大学生。作为多年无生可教的教师，郑光复倾注心血调研尝试，备课改教材，在课堂针对每一学生的个案讲解示范，鼓励学生创新思想。改作业时不是告诉应如何做，而是看学生怎么做，再启发改进，所以往往花更多时间，有时课外花额外时间去教室。他带的学生设计成果不会是灌输式教育的雷同，而是启发式教育的丰富多彩。

“我坚信‘严师出高徒’，严格是爱心，是师道。严的主要是应有的客观标准，建筑的本质法则，而不在于学派风格，更不在于非跟我学不可。尊重和启发学生自己的构思，助他提高，完善他的设计，而不可以将自己的设计强加于学生。但在客观标准、建筑法则等方面，及设计、制作的严肃精心方面，却必须严格把好学生。放任自流，乃缺师德。”（摘自郑光复“寄语在校的建筑学友”《建筑时报/设计》2005.01）

郑光复在家欢迎任何学生来访聊天。在没有个人电话的年代，常有学生突然来访。郑光复广闻博识，幽默风趣，总尽力搁置他事，帮助学生，答疑解难，是学生们最喜欢的老师之一。1980年其子考入南京工学院建筑系，那时前后几届的学生也不少其子的朋友。数年后其女也学建筑。

故有时郑光复会对学生说“你们就像我自己的孩子。”待学生像亲生子女似的教师，总是全心尽力的最好的教师。

20世纪80年代郑光复在师生晚会上表演口琴独奏

20世纪80年代初期，新知识、新事物涌现，思想解放。很多公开的国际国内建筑设计竞赛、很多想法，也不知道业主和评委喜欢什么，干脆多几个方案，都画出来。有时项目功能限制严，可变性不大，那就在形式上花工夫。像是做试验，玩游戏，各样试试看。

这里是六七个方案中的四个。

这么多方案设计不是垂竿钓鱼，而是撒网捕捞呀。

江苏省展览馆 /水粉 1980，1982

郑光复小时候的家在重庆北碚的一条小河旁，院中一棵大黄桷树，周围有花圃果园。他对树木深有感情，常说树长大不易，尤其大树，非不得以，应在建筑设计中尽力保留。

建筑师在设计前，去实地测绘每一棵大树并在地图上精确标志。山庄布局依地形顺势而曲，且根据大树位置调整。层数减少，体形化整为零。力求房树对话，使每间客房面向树木，住客打开窗户就能呼吸庐山、听闻庐山、看到庐山、甚至触摸庐山，实实在在自然的庐山。这思路与贝聿铭设计北京香山饭店的布局思路相同。

建筑风格为传统民居风格，采用 20 世纪 70 年代末经济可行的钢筋混凝土砖石混合结构。

从规划到设计，造价较低，融入环境，保护利用地形与林木，利用山泉瀑布，力求低价高质，力求活泼与自然合一，每栋不同。

不料该单位负责人嫌烦，说："你设计一栋别墅，我盖他二三十栋不好吗？"建六栋过程中甲方加楼层，乱石墙改条石，自然木栏改水管，断树冠主分干……遂放弃继续为业主设计。

"山不在高，有仙则名。
水不在深，有龙则灵。
庄不在大，有树则清。"
另外，
官不在智，有权则"明"。
人不在才，有钱则"赢"。

庐山莲花洞铁佛寺 / 水彩 1982

在华中工学院的建筑梦想

1982年华中工学院创办建筑系，郑光复受多番盛情力邀，赴武汉。

“在华中科技大学的前身华中工学院拟议创设建筑系的时候，光依靠武汉本地的建筑教学力量显然不够，于是四方求援，得到了‘老八大家’的热情援助，其中尤以南方的东南大学和北方的清华大学出力最大，各自派出精兵强将前来主持系务，投入教学，其中郑光复兄的业务之精湛、热情之充沛，得到普遍赞誉，更得到各层领导器重，都巴不得他能参加我们的队伍，长期地、正式地与我们一道工作，终因种种条件，未能如愿。但光复从不计较个人的名义、身份、待遇……招之即来，频数往返于宁汉之间，为系务出谋划策，对学生言传身教，把老牌大学建筑系的优良传统，具体地带到华中工学院的建筑系中来。……华中科大建筑系将近三十年的教学成果，处处渗透着郑光复的劳绩和建树。即如我们的《新建筑》杂志，二十多年来倾注了郑光复的心血，在建筑学杂志中站稳了脚跟，连《新建筑》的牌号也出于他的建议，使我们的杂志旗帜鲜明，步履笃实，高瞻远瞩，为建筑学术引领新风。”（摘自张良皋“悼郑光复” 《新建筑》2010.01 ）

在华工建筑系创办之初，郑光复先借调全职二年，虽有心愿异地大展拳脚，终因水土不服，不愿远离家庭，像童年和结婚早期那样父子、夫妻分居那样。故仅做客座教授和实际主持教学，而不挂行政领导之名。后又陆续短期访问。

江西共青城是当时农垦农场开发成的新城镇，是那个年代典型的政府主导的工程。业主强烈要求鲜明地表现“共青城”。作为探索与尝试，采用象征手法，以共青城英文名 Communism Youth City 的起始字母 CYC 为引子，塑造奋发向上的形象。

“象征以具象表现抽象，总不免有所模糊，却不能不力求其明确，否则不能获得社会效果，而沦于神秘、晦涩，失去存在的意义。

CYC 方案企图创造一种特有的象征模式，手法主要是文字的建筑化、艺术化。但此字母与中文‘共青城’之间，尚未形成稳定的结构。这一类可识性怎么解决呢？这有两个办法：非建筑性的，以各种新闻手段的宣传，造成一种社会共同观念；另一是建筑性的。

CYC 方案造型依赖世界性习惯的缩略语方式，这是构思的前提，也是方案可能被社会接受的关键所在之一。CYC 方案不完全依赖文字造型的象征作用，进而在主楼顶部设置三面出挑的飞碟（UFO）形的两层楼（内设旋转餐厅等），周围开圆窗，外墙面为铝合金，使有飞行器之特点。其上另有一较小之科普性‘天文观察台’，半球形顶可开合。加上大楼通体为镜面玻璃幕墙，使‘飞碟’如凌空状。三面玻璃墙之中间各设室外透明观光电梯等等。这些共同塑造了一种科幻特征，使造型有较显著的未来色彩。加之 Y 形造型有如高举双臂、雀跃欢呼之人形，以表示一种‘迎接未来’的意识。另行安排了一个以多折面体玻璃大厅笼罩着的当年的茅草屋，作为今昔对照的场史馆……这一些形象个别地看都不属象征性质，其本质是对客观事物的描绘。它们一方面是对象征的主要补充，另一方面共同构成一个对‘未来’这一抽象概念的象征，这个未来又补充表现‘青’的含义。”（摘自郑光复“象征手法探奥——共青城宾馆‘CYC’方案设计”《新建筑》1986.04）

设计获最优秀奖，选为实施方案，后因资金原因而取消项目。

英文，在 20 世纪 80 年代初远远超出语言的功用意味。英美，外国，世界，先进……当时采用英文字母别具用心。当下英美人士流行中文字文身，理念不谋而合？时代不同，正是影响力的体现。

革命年代和当时的流行造型对建筑师设计构思的影响，还颇明显。每个社会人都会带着社会风气的痕迹，无论好坏。关键是否在进步。数年之后回顾，“吴下阿蒙”何在?

在勇于突破创新但不完美和循规蹈矩之间，选择哪个？职责或角色不同，选择可能有差别。若作为设计师，前者更具吸引力。

江西共青城宾馆 / 水粉 1983

访问英国

1985年，郑光复去英国诺丁汉大学建筑系做访问学者三个月，初次出国，充满好奇，也喜欢与国内比较。在给亲友的信中，详细叙述了他这位中国穷教授当年在英国大学的工作、待遇和感想，及一些看似平常的衣食住行“小事情”。

“来英月余，一直很忙。除在伦敦几天外，日常工作是在此校教建筑设计课以及准备专题讲座。由于这里教学进度及学生情况的缘故，我将最后的专题提前到最先讲。那却是原来未及准备讲稿的，又将内容作了不少变更，新写讲稿又大改。此外，出去到外地看了几个城市、镇、古堡、古园林及大教堂，以及参加一些社交活动。还要料理一些饮食等生活之需，出门难矣。原住招待所，饮食不惯，时间限制，很不方便，且较远。现迁住到居民家，方便，多了解英国人日常生活，还近。自己可煮些大米饭之类。蔬菜贵，黄瓜合人民币1元至2元一根。水果较便宜。天气舒适，来后一月，总在15℃到19℃之间，办公室、商店到处是暖气，薄毛衣还减不下来。樱花刚谢，杜鹃新开，到处好鸟，家家鲜花。我常在城里各处走走、看看，多见识。公共汽车很贵，到市中心步行约30分钟，车票合人民币约2元。出租车更贵，用的东西也比香港贵多了。这里较穷，不如美、日、西德，但没有一处公私厕所没有热水、香皂和手巾（或暖风吹干机）的。小汽车也普遍，居民一般住2层小楼带花园，包括一般较穷者，最穷的住高楼，果然。失业者每周有300镑救济金，每镑约合5元人民币。社会风气尚佳，有高级乞丐，当街弹吉他，唱之类或画画。新城建设颇可观，为国际先进者。回宁后再谈吧。”

“讲了一个专题，搞了一个中国周。英方很高兴，陪我去伦敦，英皇家建筑学会主席等三负责人接见并宴请，中国使馆教育参赞出席，都很愉快。这里大学校长、副校长接见一次，明天再宴请一次。系主任已宴请三次了，其他教师、朋友宴请的不少。还有一些华人留学生，十分盛情，宴请一次不够，又来一次。有些英国朋友驾车送我们去远处整天参观，这样也出去过很多次了。准备还去莎士比亚、拜伦的故居看看。牛津、剑桥等等都已去过，下面三个星期更是主要参观了。”

仗着破英语，也居然能乘巴士，英国东西南北到处走，拍了不少建筑幻灯照片。有天闲聊问系里一位老教授哪所英国大学建筑系最好，答：诺丁汉大学。以为英式幽默，再问是否牛津、剑桥的建筑系更好，再答：诺丁汉大学更好。立时汗颜，对英国人的自信自尊自傲印象深刻。

回国前与同行的陈老师一样，用省吃俭用的几百英镑，订了台当时高档的日本先锋牌音响和留声机，不是放CD，而是放胶木唱片的那种留声机。然后回国去华侨商店凭票取货，那可是家里最豪华的奢侈品了。没事就拿出原版的十来张唱片翻来覆去地放，一家共赏。虽然大多数也不知唱的什么，还蛮怡然自乐的，音乐的力量。

后来英国教授回访南京工学院，受邀请到家里吃便饭。当时还住在校东文昌桥宿舍拥挤的陋室，坐小凳子围着旧茶几当餐桌，也不知英国教授怎样吃完这餐的。郑光复自己也不在乎：反正英国教授愿到家里坐坐，我也没什么隐瞒或自卑的，中国现状如此，他又不是不知道？朋友是不介意的，要介意，以后也不必见了。

这里不是江南，也不是北京，不能照搬那些式样。既然是五岳之尊泰山风景区的楼阁，得有一股雄壮的傲气。以北京园林为范本，但舍弃雕梁画栋的烦琐。

此图为建筑写意，色彩飘逸，线条飞扬。虽然是典型的建筑快图，但能鲜明感受到建筑师当时的思维、情绪、手臂和呼吸的亢奋、快速。

建筑草图是建筑师设计构思的图形记录，通常零碎片断，只是自己看的。

建筑效果图则是给别人看的，以表现构思或实现后的效果，故力求主题鲜明，或真实完整。

若时间仓促，无法绘正式的效果图，又需尽量具其效果，那就会以草图方式美化加工完整，或称建筑快图。

建筑快图与建筑速写画原因目的不同，但方式一样。

人类早期的画是反映现实，故愈写实逼真愈好，写实主义。然后是探索表现方式，故形式愈独特新奇愈好，装饰、象征、抽象等形式主义。后来是内心表达，物形美丑都不重要，故色彩笔触动态愈直观愈好，印象、表现主义。再后来是概念宣示，什么都无所谓，只要独特的概念并宣示出来，概念艺术。若仍称画，大概任何在画框内的（甚至不在“内”）都算吧。

就建筑设计的艺术方面而言，当然有功能，有些玩形式，绝大部分建筑师止于此。CAD使效果图难现主观个性表达。少数设计概念就成为成名或争议之处。

中国书法的草书，并非“潦草”的书写文字，但一定是以此发展而成的文体。建筑快图大概类似吧。

此图是建筑表现快图，也是建筑“表现主义”画。

山东泰山园林——荣光阁快图 /炭笔水彩 1983

20 世纪 80 年代初期是中国打开国门、放眼世界、思想解放、勇于探索的时代。郑光复参加过数项国际竞赛，主要是通过自身参与及与同获赏作品比较，了解自己的设计创作方法与国际流行思潮方式的不同。国际竞赛既是学习，也是挑战。

此竞赛由日本国玻璃公司主办，世界著名建筑师评选，鼓励玻璃应用的新设计。此方案在高楼大厦上采用“双重外形”的新概念。用冰与火对比的形象，玻璃既反光又透明的特性，分别于白天和夜晚使建筑的两层“皮”各自呈现迥异的戏剧化形象。这不是建筑形象设计的艺术“游戏”，而是利用玻璃的特性展示建筑形式设计的崭新创意，是对建筑“凝固”外形的突破尝试。

设计表现效果也同样简明戏剧化，概念主题突出。此设计方赛终获奖赏，那是 1980 年。

设计方赛获奖奖牌

当时“双重外形”似乎仅是畅想，被遗忘。岂知二十多年后，又再见类似的双重外形概念的新设计，在国际受关注。其实中国人早就……

引领潮流的是宗师，紧跟潮流的是潮人，预见潮流的，当时是众人忽视的异类、疯子，此后也许被追认先驱，或早被遗忘？聪明人中的傻子会被嘲笑，傻子中的聪明人也会被嘲笑。自信么？可能是探索者型的。

探索者是孤独的，唯一的伴侣是充满信念的精神灵魂。他们有成有败，后人应看到未成功探索者的贡献。

在厦门大学的放弃

1988年厦门大学创办建筑系，由东南大学派人主持工作，郑光复再次受邀。虽往返多次，建议受校领导赏识，但无心与人争权夺利，最终放弃。

父亲之爱、长兄之责、朋友之情、师生之谊，在他的人生中是重中之重。与其父相反，他是宁选亲情而舍工作，虽然是挣扎中的抉择。

日本硝子建筑国际设计竞赛获奖方案 / 水粉 1984

中国历史上蜀道之难和关隘之险久负盛名，其中的李白“蜀道难”诗云剑门关：“剑阁峥嵘而崔嵬，一夫当关，万夫莫开。”更因历史名著《三国演义》及相关史绩而名扬天下。至 20 世纪 80 年代，古雄关已不存，常使慕名而来的游客不知其所在。各地大力发展旅游，当地政府于 20 世纪 80 年代希望开发剑阁蜀道景区，重建剑门关。

然而因开拓道路，剑门关原址已成公路，险峻山崖地势大体不存。若重建于原址附近，仅山谷中的一门楼，显然无法再现剑门雄关之风范，唤思古之幽情。若另择险雄之处，还是“剑门”的关吗？

建筑师的锦囊妙计是在原址公路之上飞架钢构，布景式重现凶险山势及东汉、三国建筑风格的“残旧”古雄关“战场遗址”的氛围，并修人行栈道连接。反正是假古董，一台电影城式的大布景反而提供给游客更真实的历史境界与环境体验，而且实施起来快捷经济。现状与古况泾渭分明，是博物馆修复与展示残缺古董的典型方式。以汉代建筑为本，以乱石垒成并故留残破之状，关墙封锁两山之间关口，仅山涧之上开口。关门洞旁放置巨大圆石，以此撒手锏武器再现当年雄关的军事要塞之险阻气氛——一夫当关，万夫莫开。

当年的首长不以为然，要选择附近宽阔平地之处建北京故宫式高大门楼，并配以黄琉璃瓦顶。当被告之三国时大屋顶不上翘，要塞不贴金画彩，且尚无琉璃，不应用明清式样时，他的回答是真正的经典：“三国也好，明清也好，不都是古代吗？谁知道，谁在乎？别太学究！”

多么自信、不屑的口气！ 就算是诸葛孔明，刘阿斗不用其计，也只好仰天长叹！俗话说“三个臭皮匠，胜过诸葛亮”。一国之君，岂止几个皮匠能相比。孔明，服不服？

1992 年当地政府在原址隔河另一边山坡上建仿古关楼，既不在原址，也不“雄”。孤零门楼缩在山谷中，山坡上架着完全无“蜀道”意味的栈道通至门楼（左下图）。该关楼后失火，并于 2008 年汶川大地震中损毁。

2009 年当地政府花七千万元建隧道使 108 国道避开剑门关。2010 年按一张 1935 年开山建路前的旧关楼照片，在原址之处公路上重建剑门关（右下图）。一则原址因开公路已非原地貌，虽然堆土垫高，现关楼坐落之处仍在谷中，低于当初“雄关”之处。二则以明朝关楼为本，重檐翘角，哪里有蜀汉三国建筑风格之粗犷雄大气魄。三则关楼孤立，两边不靠山崖，山涧与对岸山崖之间五六十米大口无关墙封锁，关楼后雕像、绿植遍布，哪里是军事要塞，分明像公园。为何不展现三国时军营布局、兵种分布、兵器种类，哪怕咨询一下军事史家，或按《三国演义》描述的仿制一个要塞也强一点，剑门关不是仅仅一个关楼。四则新关楼及附属景区据说花费约 2.5 亿元，外加修隧道让公路改道，就得现在的结果。

回顾郑光复近三十年前的设计精髓：古代战场。再看 20 世纪 90 年代及现在的关楼：现代公园。现在确实更有钱了，然而思路不对，设计不是更好。 何止是一声叹息，2 亿多元的叹息！

1992 年建的剑门关（采自 gysta.gov.cn）　2009 年重建的剑门关（采自 wabuw.com ）

四川剑阁剑门关，古蜀道公园 / 水彩 1985, 1987

四川故乡情

几年间郑光复曾为四川绵阳、广元等地做过多项城市规划、建筑设计及风景区策划、规划与设计。连续几年带毕业班学生现场实习。学生高兴，去风景区旅游学习兼得。建筑系高兴，无需花费而让毕业课题高质量顺利进行。业主高兴，除安排吃住旅费外，能免费获得专家对项目的调研成果且培训当地人才。身为四川人，故乡情，游子恋，倾注在设计方案与建议中，郑光复不求经济上回报，只希望为故乡有所贡献。

郑光复专程去刚刚开发的九寨沟、黄龙一带藏区旅游，其实这也是为广元、剑阁风景区规划的考察项目。崇武县城附近的盘山公路既陡又窄，眼见一辆运木大卡车翻在坡下，说是刚发生的，这类事故常发生。天下小雨，去黄龙时途经一道山溪，上架粗原木拼搭的简便小桥，也不知是弯太急或雨天轮滑，他乘坐的吉普车两轮落出桥外，幸亏另两轮卡在桥中缝里，45度斜歪着，没翻下十米深山涧，吓出一身冷汗，又一次大难有惊无险。

颠簸两天之途，多数是伐木卡车来往的荒山秃岭，土路终于拐进一条葱郁的山谷，进入令人震撼的自然美景中。想必山太深，伐木工人尚未来得及到那儿，就被好事者抖出去这山中秘密。

谁知道那些荒山秃岭中曾经有过多少“九寨沟”？

还有哪些未知的“九寨沟”将成荒山秃岭？

建筑系学生本科毕业前的最后一学期只有一门课——毕业设计。通常为教师带领的现实工程设计过程，学生们赴现场调研，与业主和用户商讨分析，分组或各自对分工的局部项目提出建议与方案，然后互相交流评估，教师综合后共同向业主用户汇报讨论。由浅入深的几轮后，最后呈交最终设计方案。小型或可分解的项目，学生各自作独自的毕业设计，大型综合项目则学生分组分阶段设计，教师综合最终方案。任课教师宣告项目与大体要求，学生可以选择。郑光复的小组是学生人数最多的小组之一。

此设计是基于1988年毕业设计课的综合研究方案，形象受巴黎蓬波杜文化中心和伦敦劳埃得保险大楼的工业表现风格影响为主调，且各种风格符号拼贴集锦，在当时当地相当前卫。但由于地方保护主义与业主的艺术品位，设计虽使各方受益、受启发，但止于图纸。

大陈列架上展示各种迥异的作品，百花齐放地热闹，集锦，蛮合适这种探研式的设计尝试。

四川绵阳临园大厦 / 水粉 1988

海南热烧

海南省及经济特区成立后1989年初，海南热，郑光复受邀策划房地产项目。海口那时小而乱哄哄，每人聊起话却口气都很大，很亢奋。就像人挥舞十块钱说马上就去买彩票，然后明天打算买辆桑塔纳车之类，好像中头彩是当然的，不必提了。

去文昌东郊渔村，海浪拍石，椰树舞风，淅淅沥沥的小雨有一丝海腥气息。躲在海岸边一座开敞草棚下，吃刚捞上来的海鲜，第一次见两三斤大的龙虾。

在南湾搭小舟去猴岛。国内从北到南，天津、烟台、上海、福州、厦门、广州、深圳、珠海，去过很多海边、海滩、海港，到这儿才知道艳阳黄沙之间，海水可以“流翠”，充满热情。

在兴隆温泉别墅小憩，一月份游泳，唤起郑光复童年的回忆，在重庆冬天与同学一起去北温泉玩，站池上冻得打战，透心凉；跳下水戏水游泳，窝心暖！

到三亚除了“天涯海角”和大东海沙滩，还去附近一个海湾，几里长的碧水白沙，几无房舍，零星有几个当地小孩光着屁股在水边跳来跳去，空旷恬静，第一次见如此仙境，记住了名字：牙龙湾，或亚龙湾。有词“天空很希腊”，不妨对一句“海水很三亚”。

回程经过五指山下很多农场，各种以前没见过的水果，好吃，可也没记住水果名字。到琼中，在一个宾馆饭后出来散步，一两百米外是个黎族小寨子。走近一看，都是土墙草房，房檐才一米高，要蹲着才能进小门，里边黑糊糊的，简直还不比南工宿舍区猪舍强，在电视上看到亚马逊土著小茅棚么？令人震惊的贫富对比。

业主只想占住景色最好的位置造房赚大钱，对景观环境保护没兴趣，道不同不相为谋。以后再未回访，还是留着美好的记忆。海南热变成海南热烧，大家头脑发晕，那会传染的，还是躲远点。

父子俩当年在三亚亚龙湾“荒芜”的白沙碧水蓝天之间

美加的小城镇，主要大街上最显眼的通常不是教堂就是学校。在中国，是政府楼。各地政府楼都力图表现出无可匹敌的地位、权威、财富。故几乎无例外地选择于广场后置、或高、或大、造型对称庄重的威势大厦。在此条条框框下，还要求表现革命含义，对建筑师不是个容易的项目。该设计剪贴经典红旗与天安门的形象，孤立浅显的形象符号、标贴，面具似“戴”在威势大厦前，费用不多，够鲜明。标签般鲜明，口号般震撼。

是卡通？是玩笑？这可是相当严肃的噢。有人喜好，又不想多花钱，面具又何妨。戴面具的又不仅仅是政府的楼。

某政府办公大楼 /水粉 1985

亲情寄托

1989 年其子正在北京为建筑学博士学位调研，郑光复多番电话电报催促，于五月底返南京，躲过一劫，次年弃博士学位赴美留学。

其小弟著名作家郑义 1993 年赴美。

不久后其女也赴美留学。

郑光复努力维系的家庭团聚，终未如愿，仅靠书信电话倾诉。叹息！

这些年来，他有个最大心愿，一直未了——他一直想全家老少团在一起。去美国后曾多次给亲友讲，要是能在美国建一农场，一大家人兄弟姊妹、子女儿孙全部住在一起，团在一起，过最普通、简单、融和、静谧、快乐的生活。他很向往田园风光，向往亲人相聚的大家庭生活。现实不易，但保留这美好的梦想也很不错。

他晚年多次说：人老了，回顾一生，名声、职务、事业、财富都不再重要。只有亲情，能与亲友在一起说笑聊天，就是快乐的一天！

下图摄于 1989 年，老少三代同游共乐玄武湖，此后子女赴美，再无三代合家欢机会。

老少三代同游玄武湖

20 世纪 80 年代经济水平低，百业待兴。当时的铁路上跑的还是蒸气机车。坐趟火车，若开窗则满头灰一鼻黑；不开窗则满头汗一鼻烟。

铁路部门缺钱，社会需要，拟建南京站旅馆作为副业补贴。虽经费困难，建筑师一反当时建筑设计的主流——“形式服从功能”和“现代主义”，坚持较大跨度的梁柱主体结构，布局与形式特意不服从初始功能要求的束缚。从初始旅馆设计至建成近十年，数易业主，困难重重，功能与装修多次变更。由于南京火车站失火损毁，在建新火车站的几年过渡时期，此楼于 20 世纪 90 年代曾改成车站候车售票厅与营业楼，还作办公楼，很好地满足了各阶段的功能，具良好功能与人流组织。建筑师的远见、自信与设计，使建筑绝好地满足了业主与用户的长远利益与需要，具有长久的生命力。

对比设计效果与实物，丰富活泼的创意外形被简化得较平庸缺细节，建筑师的无奈。

真正的建筑师不仅看眼前，还要想将来。建筑物要立在那里许多许多年，起码应不讨人厌，建筑师有责。

南京曙光国际大厦（原南京站旅馆，建成）/ 水粉 1988

建筑是美学的误区

《新建筑》1990 年 01 期 “摘要”：正花非花，雾非雾。权威说，经典著。皆如春梦笔生花，终似朝云无觅处。——篡白居易词
似是而非的建筑即是艺术之论，是 18 世纪以来造成的美学误区。建筑的本质……

此文在中国建筑师中引起很大争论，代表性的有以下六篇文章，作者大体上是一半赞赏一半反对。（后附录在郑光复所著《建筑的革命》一书中。）
建筑是美学的误区吗？（吴焕加）；
夜读偶得（窦武）；
从后现代到解构——兼论郑光复先生的误区（艾定增）；
美学误区与“二律背反”（侯幼彬）；
话说“误区”的误区——谨向郑光复先生请教（陶友松）；
建筑，是艺术（李松年）。

有些朋友、同事惊讶一向艺术才华横溢且重视建筑艺术的人，何出此言。其实无论支持与反对，至少对中国建筑学理论有很大促进，开阔思想。

百多年前中国打开国门，洋务运动提倡中学为体，西学为用。三十多年前改革开放的序幕拉开。中国人骄傲于自己的文化传统的同时，睁着好奇的眼睛看世界。几乎重要的公共建筑设计委托中，都要求建筑形式“兼有当代时尚和当地特色”或“兼具现代特征和传统特色”，虽然绝大多数并不知道究竟是什么。也许以为“现代主义”建筑风格就是现代吧，倒也符合当时的经济技术水平。

建筑师认真研究 20 世纪 80 年代的“现代”与“当地”，决定以象征手法表现镇江特色，即著名的“镇江三山”——金山、焦山和北固山。使主体建筑沿街后退，留出空间用于公众活动与环境绿化。典型的现代主义水平分层，但逐层退后，错落曲折，露台与扶栏上设花槽，遍种花草垂蔓，既节能又美观，仿佛三山。利用电梯井及红黑白象征三山的木塔、铁塔、砖塔。可惜建筑形象有，但绿化构想未实现。

数年后设计南京艺术学院中专部大楼时，仍抱有类似构想。鸟瞰图显示多层裙楼部分逐层退缩形成屋顶花园，并有楼梯相连。在当代中国大城市中拥挤的大楼间，很难获得较宽敞的绿化空地，且空地也多半为停车占用。错叠的屋顶花园为每层室内空间延伸出外部绿化空间与景观，更提供人们无车辆干扰的安全休闲场所。可惜也未能实现。

二三十年后的 2010 年上海世博会上绿色建筑盛行。当年建筑师给镇江工人文化宫的“绿色”会实现么？建筑师也许过于超前时代了？

这其实不是关于潮流时尚，而是对自然生态的持续关爱和社会责任的不懈倡导，不论成败。

镇江工人文化宫（建成）/ 水粉 1989，南京艺术学院（建成）/ 水粉 1998

回友人的信

对“建筑是美学的误区”，回友人的信节选：

“在庐山里边，跋涉多年，无数探幽寻秘，无数山花清泉，　……终是失望，总是彷徨。于是离开那秀峰幽谷，在山外再望，如此而已。我以为，解不开的绳结，不如付之于一剑！何曾说过建筑没有艺术性呢？何曾说过没有可谓艺术的建筑物呢？

然而，建筑不等于艺术。

你可以砍下大斧，砍净我鼻尖上的白垩。我提供了这惹人恼的白垩，无意间，似颇伤了您对建筑艺术的深厚感情，搅动了您的幽境。倒非‘故将俗物恼幽人’，来刺激您或任何某人，却无法回避此观点的尖锐矛盾。我们坦诚、严肃而友好的讨论，于彼此有益。郢人之斧，不砍头，不砍鼻子，不伤及皮肤，却砍净了那白垩，遂传千古美谈。您这信，好斧，好斧。只是轻了一点，小了一点，手下情深。我呢，既然鼻子尖上有了这恼人之物，当然备砍。

几十年反复学、研、思、行，好像顽石修炼欲仙之际，便有雷劈。过不了这一劫，休矣。过得了，才算功成。我是久经反复，或有系统，绝非一时或几年的心血来潮，早有所思虑，但待霹雳无妨。难免有用大斧砍我头的，亦无妨。百年办不到，终须一死。但三年，二十年总是可能的，我自悠着跋涉在这学术的孤寂的沙漠，这里没有鲜花，没有喝彩，倘有斥责，大佳，终不寂寞。

衷心感谢您诚挚友情的来信。

光复 1. 14 ”

珠海人民西路综合楼 /水粉 1990

建筑“是”或“有”艺术?

作为建筑师，不是仅仅关注建筑物的艺术形式，更多是研讨其功能与技术的合理性。俗话说内行看门道，外行看热闹。若非有实践经验的建筑师，又不是业主用户，甚至未曾实地到访，只凭建筑物的几幅照片，那建筑物就只剩了形式，成为艺术评价的主体。建筑在“外行”眼中就剩下艺术的“热闹”。哪怕是真正的内行，若仅草草走一圈，或看几幅照片，大概也只能看到一栋建筑物的“热闹”。世上绝大多数人不是一栋建筑物的业主用户，所以也只看到或只关注该建筑物的形式，则以艺术评之也无可厚非。何况表面的艺术的形式直观，受更多瞩目也情有可原。

有些建筑大师也追求和侧重艺术，则可能另有原因。大师们都有自己的设计团队，各人分工合作，大师本人可能多负责设计的创意部分，久而久之，兴趣和工作使然，忘记了团队其他成员在做建筑师的其他职责，以自己现状当做了整个建筑师固有的境界，忘了当初吧。当然，少数“大师”以建筑的艺术之名故弄玄虚，或做商业运作，或自抬身价，广告大众“外行”，则另当别论。诚然，建筑师在建筑中的艺术上创新，就像任何艺术上创新，都不容易，都值得敬佩。

建筑和艺术各是涵盖面广的范畴，两者有交集。所以逻辑上，建筑有艺术，或艺术有建筑，但建筑不是艺术，逻辑不通。

“建筑有艺术”与“建筑是艺术”的差别在于“有”与“是”，一字之差。个别建筑物有较多艺术表现，或有人更重视建筑的艺术性，作为文宣口号，
高喊“建筑是艺术”；
那么，
政府宣示“建筑是财政”；
业主直言“建筑是生意”；
工程队认为“建筑是工作”；
用户心想“建筑是功能”；
过路人看“建筑是外形”；
读者看“建筑是图像”；
……

都可以，都别当真。其他可量化评估，这形式“艺术”还真难量化评价，这下到了显示“大师”高见之时了。

仍然坚信“建筑是艺术”而不是“建筑有艺术”？大概不是做建筑的吧。

是做建筑的？那就是建筑大师，或，梦想做大师，比如学生。

在南京夫子庙附近太平南路老商业街上，有一家号称“百年老店”的老字号银楼，经营有方，人气旺。20 世纪 80 年代末拟扩建。郑光复花大量精力查找研究史料，不满足业主笼统的“此店始于清朝”一说，而是查找到其在清道光年间已有记载，使业主有史为据。据说后来又追溯至清嘉庆年间创店。

欧美的银行多用古希腊罗马古典形式的建筑，以示财富稳固。中国银庄金店喜用传统庙堂风格，以显华丽高贵。业主要求，难以免俗。沿街正立面采用现代梁柱外加传统琉璃瓦顶和仿木梁柱形式，似乎是设计的必然选择。中国建筑师们对此的探讨与尝试几十年，有西装瓜皮帽之贬，亦有 20 世纪 50 年代北京十大建筑之褒。但有创意的建筑师能与众不同。

建筑师利用店面较窄的缺陷与消防需要，大胆置消防梯平行沿街于正立面。好处是：一，消防出口至街上；二，店面阔不必为消防梯宽减去数米；三，沿街移后的外墙留出空间出檐遮阳，形成三维立体的正立面；四，阶梯形的分离琉璃顶从传统形式中延伸出来，新颖，尺度亲切。一箭四雕。

现在的立面已改变。

无中生有的创造天才罕见，有中生变的创意才子也不易。要击中创意的标靶，哪里有神箭，或神箭手？

南京宝庆银楼方案设计(建成) /水粉 1991

傲骨的代价

郑光复出身大富之家，也曾沦落赤贫，曾年轻得志，评省级劳模，也中年屡受打压，险成“反革命”获罪。但他始终保持正直、敢言和责任心，对领导与学术权威，有不同意见，他是不会憋在心里的，对错尚不论。更不奉承拍马，忍气吞声，或搞权术，损人利己。他骨子里有股清高和骄傲，人格上的傲然，简言之，有傲骨。

20世纪80年代初外资南京金陵饭店三十七层，为全国最高，设计中，相关领导提议在顶层设置游泳池。郑光复认为几百吨水在顶层对建筑结构与造价影响很大，不合适。被领导斥责：我出国时见过，你们从未出国，没见识。其实郑光复作为评估的专家，又不是设计师，本可以就此甩手。出于责任心，他说服外方建筑设计公司以外方出面，方扭转自以为是的长官意志。

但他的傲骨多数时候带来麻烦，尤其与个别学术领导的抗争，造成学术学涯的诸多坎坷。尤其在科研上，因时间、经费、人员、机会等等由工作单位全权掌握时，他就更是步履蹒跚。
十几年调研、设计的纪念类建筑设计，因主要实践项目南京雨花台陵园在成熟阶段被转走，未能自己实现设计。
二十年研究、实践和教学的火车站类建筑设计，因个别领导安排他人出教材，而丧失出书机会。
十多年对建筑室内装饰与室内设计的研究，因不受重视，似乎成为艺术学院的专业，仅限于一项课程，而未出成果。
在中国率先探索、研究、实践二十多年的园林与风景区旅游建筑设计，因多种原因，项目实现的不多，理论上也只有几篇论文，未成书。
……

以其才华，中国建筑学界共睹，多所大学邀其参与创办建筑系，东南大学里其他系科教师也多耳闻。他升职多番受阻于个别领导，后来学校其他系科的学术评委为其不平，特例挪用一名额给建筑系，以堵借口，他方能升职。

总之，因其傲骨，不屑权斗，所拥资源所限，机会丧失，未能实现多项科研成果。

保持正直的傲骨，有时代价很大，绝不容易。有朋友劝他适时低一下头，屈一下膝，又无实质损害。他不以为然：我可以受挫事业，但不可丧失人格与信念，否则何以为我郑光复?

人活在世为什么境界努力?
一、有人注重肉体财物的满足，直接的感受，动物本性的境界。
二、有人注重成就名誉的享受，间接的诱惑，社会需要的境界。
三、有人注重精神灵魂的提升，虚空的承诺，内心修炼的境界。

郑光复的父亲曾拥有一、二境界，后追求他的第三境界，傲骨让他几乎失去所有，好在有佛教。郑光复一向不在意第一境界，曾追求第二境界，但更重第三境界，傲骨也让他饱受挫折。

若有傲骨的个人需付出代价，那缺傲骨之人则会付出更大代价。

虽然是典型的办公楼，在当年仍可以鲜活的色彩与线条带来变化。

哪怕资源或条件有限，若仍自认“创意”设计师，显示创意吧，即使很少，也强于无。否则是因循的“设计匠”。

人民银行扬州分行新厦(建成) /水粉 1992

祝儿小诗

那时出国的留学生多半是穷学生，边学习，边打工，相当艰苦。为父的除了牵挂就是鼓励。1992年12月年信中赠儿小诗，是心底萦绕难去的思念与祝福：

《从“垃圾”里起飞》

金匠，有什么可自豪，
钻石镶嵌，有什么可骄傲?
难的是，化垃圾为神奇!

弃料制模型，
设计的智慧，
经过回旋加速器
加倍了它的力量
与光辉!

是聪明巧慧，更是毅力!
是能干坚韧，更是志气!
人的力量与价值
最灿烂在逆境里。

穿透盈眶的泪光，
极目远望，
丑小鸭子正变成天鹅，
必定高翔
在群楼森林之上!

山东大学位于济南著名的南郊千佛山景区山脚，周围一大片红瓦民宅。“省上要求 80 年代先进，90 年代不落后，国际先进水平的现代化，并要民族形式，地方特色，与其旁千佛山景区和谐，与林间古寺亭台呼应……当时问过总造价，即凉了半截，莫说 90 年代，当时便落后，没条件保证空调与净化设施，采暖也不易……校方指望追加拨款。”如何在低造价条件下于青山红瓦之间安置多层庞大的新教学楼，是一项难题。此 20 世纪 80 年代全国设计招标的中标设计有其巧思。

工字形主楼尽力分解体积，减小层数，易与环境协调。自千佛山俯视到的楼南立面以砖红色调融合济南德国式红砖瓦房环境，而街景以青绿千佛山为背景的楼北立面则是青绿色调。同楼两面不同色，小自我、大环境的理念。可惜施工方利用外省建筑师不能常到工地，擅改面材仅图省每平方米几毛钱，造成既成事实。建成实效不尽如人意。

“其实，为了减少面砖费用，鲜红可改土红、暗紫红，甚至茶色，也可无釉或采用劈离砖，虽不那么鲜明强烈，却也深沉浑厚，可配此体型。近似古代红墙的土红，且与白色对比强烈，响亮有力而清新，总比一片迷迷糊糊好。可惜，随着原合作设计之主要建筑师的退休，在施工后期接手关照工程的继任者不明原委，也轻视设计（相信对原设色无所理解），又不屑一问，而轻率同意变更为浅淡粉红，到我们知道为时已晚。建筑师之难远非书画家们能理解的。

原设计鲜红、鲜绿，比起古建筑的枣红、土红来，当然火气，不再含蓄。这里，火气好！传统建筑美学，尤其进口货，讳此火气。这里最好有如火焰横天，劲歌爆炸，富于力度，方佳！ 这里有点精神方面的内涵，有点近似艺术的表现，次之，还有风水的斟酌。这浅浅淡淡的一改，不死不活，不哭不笑，将好条齐鲁汉子，变成了寻寻觅觅的娘子。

原先以为处处皆已精打细算，只在红釉面砖上有一点浪漫，小小的一点合理‘奢侈’，尚被经济逼走麦城，真是难忘。”（摘自郑光复“建筑的假面舞——山东工业大学主楼设计构思”《华中建筑》1995.09）

常常建筑师的精心设计就莫名地失色了。没有对知识、对职责、尤其对人的尊重，是建筑师的无奈，可更是谁的损失呢？

在中国的建筑工程剪彩仪式上，往往政要明星云集，长长的红带，好多剪刀，能找到建筑设计师么？

山东大学科技楼 / 水粉（建成照片）1988

大拆大建时代的建筑师

1993—2003年

大家不再谈政治，经济上“下海”弄潮人也多上岸。忽然发现脚下的公有土地居然很值钱，当年全民砸锅卖铁建小炼铁炉的事不会干了，拆房平田全国大兴房地产，挣快钱。无畏地拆，大胆地建。到处是工地，到处起高楼。

郑老师退休之前主要精力投在教学上，虽桃李满天下，但文章和设计作品并不多。退休了，可全心做建筑师，正走上中国建筑师的好机会！

真是中国建筑师的好机会?

书页典型格式

生涯转变：全职教师 —> 独立建筑师

郑光复是东南大学建筑系最好的教师之一，所以能者多劳，承担大量的本科与研究生教学任务，而且因他认真负责，深受学生喜欢。在20世纪80年代后期由于报考他的学生多，曾经同时带十三四名硕士研究生，而别的教授仅有个位数。虽然郑光复抽空著述与设计，但所限精力及人为因素，多项科研成果未能实现。当时高校学术评定不以教学成果却以科研成果为依据，加上人为原因，以他科研成果不够未令其升博士生导师，按龄退休。有些“聪明”教授善用行政资源安排，教学不多，带几名研究生专注科研设计，顺利升职。

他起初颇感不平，后释然，本来也不指望安排给自己一个学术研究团队，要个头衔干什么，还不如自由。终于有自己可以支配的时间，从此他的文章、著作、设计等成就大为增长，而且真材实料，无须为考评升迁充数。职业生涯从全职教师转变为建筑师，全心投入理论研究与实践之中。

其实，刚退休时，东南大学校长欣赏他的才华，只是设计机会少，曾提议安排他去学校建筑设计院任副总建筑师，他婉拒，曾使亲友们大为不解。他的理由有二：目标不同，不愿朝八晚五坐班。设计院以产值、经营为首要目标，对学校和员工的创收和福利责任重大。但自己的目标是学术精品而非商业利益，与当时各种建筑设计院的普遍作风不合。故虽因此可获得强大专业团队的支持，但道不同。 校长说作为副总建筑师，只负责设计，不必操心经营，甚至可选择少数项目攻精品，不盈利。至于坐班制，他可以例外。郑光复感谢校长力邀，表明担任职务就是承担职责。既然他不愿承担职责，搞特殊，还是别担任职务。既不能有自己的学术研究团队，那就至少个人自由吧，反正有很多想做的事。他向往的是欧美式的小型独立建筑师事务所，个人或少数志同道合的合伙人负责，有鲜明个性的设计。亲友说他太“愚”，是不切实际的理想主义者，错失国人一贯的以“官”求学术成就的大好机会。他说也许是决策大错，但我心安。已六十多岁了，能做自己的主宰，就很快乐了。

虽然仅为普通退休教授，但他在中国建筑学界是屈指可数的没有“院士”、“大师”或“某长”头衔却名声响亮、广受尊重之人。完全因其专业功力深厚，论点标新立异且多种才华横溢，成为众多学术报刊、会议和评审会的力邀对象，当然也不乏设计工程的业主。

他在理论研究上不必依靠别人，基本上随心所欲。在设计实践上则因无团队支持，只能寻求合作伙伴，也不一定默契，挫折不少。但他仍坚持独立建筑师的地位，因为可以保持个人自由独立的创作思想。

他有自信，孤独探险家的自信。他有豪情，心比天高的豪情。东南大学朱敬业教授还记得他当年在建筑系教职工联欢会上大发诗兴，随口朗声：

“啊，我左手托着月亮，右手捧着太阳…… ”

世上的摩天大厦成千成万，但有独特外貌特征的不多。多因技术与成本的条件所限，建筑师几无多少发挥空间，除非遇到慷慨的业主。 标新立异的“旋转塔楼”“舞姿塔楼”“倾斜塔楼”之类出现于中东迪拜不是偶然。无论胖瘦美丑，若不能玩整形游戏，最经济的大概是化妆游戏吧。戴帽、穿衣、涂彩，时尚流行之捷径。人如此，房亦然。

该设计的外形特点是在建筑立面利用不同材质、色彩绘制构成装饰画。醒目、朝气，又经济易行。

水粉重彩对不同建筑材质的表现，相当写实，灿烂。手绘效果图本身是件艺术品。

近年来世界上的“慷慨”业主主要是中东阿联酋的油王子和中国的国有企业高管。那里也是各国建筑师畅想试验、引领国际新建筑的地方。若说在迪拜业主花私人钱，在中国，外国建筑师(不是中国建筑师），借国有企业却花中国公众的钱做建筑师的试验，中国业主很有面子么？瞧，央视新楼，外形够惊世骇俗的，不过因此成本可能加倍。

“在发达国家不可能出现的建筑业的铺张浪费，正在中国大张旗鼓地上演。”郑光复如是说。

不知慷慨的贬义说法是什么？

南京鸿运大厦 /水粉 1992，南京同仁大厦 /水粉 1999

办学三江学院

1992年，全国最早的民办大学南京三江学院成立，1993年开始招新生。郑光复任首任建筑系主任。退休之际才获机会按自己的理想办学，并认真准备教材，包括绘制示范图，就像三十多年来一贯的那样认真负责。自身为父亲，深深地了解，父母们的希望，孩子们的未来，都落在教师肩上。

1996年郑光复赴美国探亲而辞三江学院建筑系主任，几个月后返国仍继续做贡献，有感于一些优秀学生的贫穷，便将返国后三江学院所发工资全捐出作为建筑系学生的部分奖学金。

其实他对建筑设计充满热忱，对金钱不太计较，乐于助人，有时也被人利用，做了很多免费设计，收不回成本。收到费用后宁愿自己吃些亏，也尽量分给合作的同事、助手与学生。

教师不仅是个职务，或职业，更是职责！

当年三江学院规划总平面图

看起来是幅建筑学低年级建筑设计教学示范图，典型的东南大学的古典渲染图风格，不同寻常的是璀璨的色彩渲染。

自从念建筑学低年级后，再也无耐心画那样的功夫渲染图，有时怀疑当年有无必要。这幅画，尤其那辉煌的背景、树影，忽激醒当年的热忱，眼睛有一点波光迷离。也许有一天再试一次。

设计与绘图 /水彩 1992

编辑《老房子》第一辑

郑光复在1993年编辑了《老房子》丛书并撰写第一辑《江南水乡民居》。

“这些老房子、古村落，是江南人民的生活史，生活的场所，生活的痕迹，生活的殼。它们展示着人的生活方式、习俗、情趣，充溢着人生的喜怒哀乐，渗进了游子的梦。花总是要谢的，老房子正在迅速消逝。可是，花后不结果实和种子么？这一辑《江南水乡民居》是传统建筑文化的‘遗像’，其中的意蕴极为丰富，深埋着成功的种子，期待着在我们及后人手中开出更美的花。”

——骑楼下的栏杆椅
——花窗，隔扇，雕梁与砖雕
——水乡的街
——干栏式渊源在江南
——江南之忆

在到处大拆大建之时，第一辑再开启人们对历史家园的回顾和保护意识，促成此系列丛书，从而吸引类似题材的跟进。

《老房子》第一辑封面

虽称“别墅”，也在风景名胜区，是别墅吗？可惜没有总体环境及平面图，不了解其度假休闲的特征与设施，仅看外形，不易判断。别墅在中国是高档的住所，建筑的形式往往是设计的重点之一，这里是四幅效果图。

郑光复在“别墅两斑”（《建筑与文化》2005.03）一文中有概述，以拨乱反正其名。该文简要分析了单栋小住宅、豪华住宅、别墅式住宅、别墅等的异同与特点。针对当时国内的住宅开发与策划，提出建议。

究竟别墅是什么？
单栋小住宅，那农民的旧屋是吗？
豪华单栋小住宅，那上海汤臣一品中的豪宅是吗？

不，再豪华的住宅（house）也不就是别墅。

别墅，顾名思义，别——第二的、非主要的，墅——乡野的、休闲的住所。它不是乡间度假小屋（cottage），通常较大，且带大庭园，才称别墅（villa）。别墅并不总是豪华，除非豪华别墅。若说住宅的本质是日常居住生活，功能性；那么别墅的精髓是度假休闲，理想化。居住的功能是人们大同小异，趋同；度假的理想则个人各异其趣，求异。只有那些用来度假，且多在乡野和景区的单独居所，才称别墅。

别墅的豪华，不是“豪华”建材与室内装修，也不仅仅是“豪华”的景观环境，而是其营造出的“豪华”的户外休闲方式及设施。坐落在水边有自己的船和码头，在山林间有自己的树屋和越野车道，在海边有自己的沙滩，在高尔夫球场边且为球会成员，好运动的有私家泳池、网球场，好清闲的有私家园林、亭台。这才是拥有“豪华”的户外休闲方式及设施的豪华别墅。若无私人的独特的休闲设施，却可就近便捷使用共享这类设施，称不上豪华，也算是别墅。

设计个别的别墅，要关注于当地风景环境特色，关注屋主在此度假的理想境界与生活方式。有些日常生活设施可省略，但理想的休闲设施要加强。简言之，是因地因人而异的理想度假住所。

设计别墅群，没有现成住户，也就难有个体个性，只能塑造群体个性。仅有只能看的中心荷池庭院或健身会所不够，更需配置有特色的专属休闲度假设施。高档的像高尔夫球场、游艇俱乐部、骑马场、滑雪道、海滩之类。低档一点的，也要在类似设施附近便于使用，以此营造一种度假生活方式。在大城市市区内，尤其在中国，极少单栋住所。有的，基本无真正别墅，只是别墅式住宅。在美加，大量单栋住所，因有私家车可离市区较远。所以是高中档住宅还是中低档别墅，主要不在建筑形式，大概以环境位置和屋主的使用方式区别，并不严格。虽然有时别墅与单栋住宅名称可能混淆，但本质不同，建筑师不能糊涂。

昆明四季如春，好地方。20 世纪 90 年代初中国房地产业刚兴起，富豪不多，就开发三层别墅区？好奇谁是“先富起来的人”。

昆明海埂风景区高级别墅—— A、B、C、D 型 / 水彩 1992

放《一张老唱片》

1993年11月郑光复信中写道：
近日偶然捡出老唱片放，百感交集，写下一诗赠儿。

《一张老唱片》

玫瑰丛
　　幽然飘香
　　　　那封套上的，
滑转
　　出缕缕涓涓
　　　　温馨迴荡……

三四小伙子
　　静立
　　　　乐器旁
攸然跃起
　　歌唱
摇滚奔放
滑转
　　出温馨迴荡……

那样
　　滑动
你的“太空步”，
从唱片里
滑过往昔
　　滑过远方
　　　　滑过大洋
　　　　　　滑到
眼前，心上……

那歌声反复
　　说：
“I love you ……”

作为筒状塔楼，设计创新的可能性在哪里？ 塔柱外形、顶端造型、外墙面貌等等，几何形体游戏。另外则是发现富于含义的特定形象标志，用象形“文字”来表述故事。

作为专研中国传统建筑的建筑师，尝试各种中国建筑元素，以不同尺度与位置融合在摩天塔楼外形上。整体似母子一体，外廓自成形象又是画框，其中包含独特的传统中国建筑形象标志，宝塔、牌坊。

中国的业主总喜欢要求建筑设计“既有现代特征，又具传统特色”，虽然不知几人晓得究竟是什么。

虽“现代”特征并非等同于西方特征，确实大部分是。若以服装设计为例，大概：
一种方式是穿西服戴瓜皮帽，或洋装配绣花鞋，各自经典并列，但有主次。
另一种是西式裁剪的旗袍，即中式主题的西式体系。
还有一种在T恤衫牛仔裤上画龙图案，即中式表面符号或装饰的西式整体。既然仅仅是表面的视觉符号，往往省事省钱且直观，最易满足仅限视觉效果的某某特色之需。

哈，这里算是T恤上绘龙一招。倒确实“既有现代特征，又具传统特色”，最重要的——省钱。

南京兴鸣大厦 / 水粉 1993，中国银行潍坊支行 / 水粉 1994

郑光复教过建筑历史、园林建筑、建筑设计，也教过室内设计。工程设计大到规划，小到室内小品都有独到之处。为建筑系研究生开“室内设计”课多年。曾提议在建筑系设室内设计专业，又提议与南京艺术学院合开室内设计课程，均因体制原因作罢。

已联系好出版有关学术专著，惜未完成。

一幅金红秋月的中国风味的餐厅，另幅蓝绿清真的伊斯兰情调的大厅。设计、表现都符合主题。

可当教学范图，只是现在学生用电脑绘效果图，没人学这了。

社区中心，伊斯兰大厦大堂 / 水粉 1992

自费考察南欧、西欧

1997年组团自费考察南欧西欧诸国。各国大城市虽各有特色，但互相雷同之处不少，有幸亲见教科书中的经典建筑，会发现书中未曾提到的精彩之处，格外惊喜。

最迷人的是那些未经战火与暴力革命的小国、小城，保存了完整的古城古建与自然环境，不追求“现代”“先进”“第一”之类。有些破旧，有些简陋，却都那么干净，清爽，像是博物馆里的古物、童话中的场景，透着仙气。这是一种生活理念与方式：平和宁静、温馨安闲，清爽整洁，宛如世外桃源，不知今是何世。

其实中国也有不少美丽的中小城镇、旅游胜地、美味餐厅。可有些国外来的孩子望而却步，问原因，童言无欺：脏！　是了，无论多现代、多华丽、多时髦，脏，就毁坏了所有美好感受。

从西班牙，沿着法国地中海著名的蓝色海岸，经蒙地卡罗一直到意大利的罗马，再转威尼斯至中欧诸国。天蓝、海蓝、村绿。那些小村镇掩映在绿树丛中，不仅仅树绿，村也绿了。那蓝绿色的纯净，无以名状。不，其实有名。

美国本杰明摩尔油漆色谱上的色彩上千种，仅蓝绿色就两百多种，用深蓝、浅绿完全不够描述。它的颜色名字很形象，有些用地方著名“特色”，比如：尼罗河绿、苏格兰草原、地中海微风、巴西雨林、圣露西亚天空、爱琴海蓝、犹他天空……不知道中国的油漆或其他色谱如何为色彩命名，但愿有：嘉陵江绿、内蒙古草原、青岛微风、西双版纳雨林、拉萨天空、三亚海蓝、漓江山色、北京春天天空……对了，也不知现在这些是否都还名副其实，得定期验证。北京春天天空倒蛮著名的，不过以前归蓝色系，现在常常应是灰黄色谱中的一色吧。

受委托做宾馆建筑设计，包括室内设计，欧陆风情。凭多年对西方建筑历史的研究及欧美多国的访问居住经历，使郑光复的欧陆式设计得心应手。

中心大厅白和紫红色搭配，以法王路易及拿破仑时代风格为样本，宏大华丽。

妖娆高瘦的法国贵妇，只能仰望之。

上海宝山银都宾馆中心大厅 /水粉 1994

正直，不卑不亢

不卑不亢，指对人有恰当的分寸，既不低声下气，也不傲慢自大。在有权的领导和有钱的业主面前，不逢迎拍马，坚持己见，往往很不易，那意味着会失去升迁深造或发财赚钱的机会。弄不好遭打压攻击，身心受损。

郑光复一生历经挫折，仍保持正直、直率、不卑不亢，充满正义感。

曾受邀评审设计，与业主关系密切的某装饰公司居然抄袭另一建筑师的设计，只是外观细节、色彩小改，且公然注明拥有知识产权，似乎别人倒成了侵权。郑光复即在评审会上提出应上诉指控这喊捉贼的贼。

两百多年前大英帝国使者马戛尔尼访问大清国后写道："中国人没有宗教，如果说有的话，那就是做官。"那时他眼中所见的是，在任何场合，上级都可能打下级的板子。做官，就有权，也就有更多机会得益。于是人人崇官、尊官、求官，不惜一切，包括人格自尊。他对大清朝官场轻视个人尊严不以为然，进而轻视那个国家，是此后西方开始轻视和侵略中国的重要因素之一。

现在仍有人无视人的尊严，以金钱当道。上句也许可改成有些人"没有宗教，如果说有的话，那就是赚钱"。他们以为多钱的人都可以打少钱的人板子了。

郑光复曾应朋友之情，做一建筑设计。业主自认花钱请建筑师，可以为所欲为。不仅毫不尊重职业建言，甚至无人格平等，出言不逊。这厮大概自恃有钱，真想钱多就可以打钱少的板子了?

对不起，还有人信奉现代人文准则是"平等"，人格尊严的平等，无论贵贱富贫美丑高低。郑光复也不争执，冷淡地说："俗话说'有钱能使鬼推磨'。你有钱，但我不是魔鬼。你还是找驴子吧。"拂袖而去。 有钱业主自取其辱。

中介人追出打圆场："老总一向口无遮拦，教育低点，有时词不达意，郑教授不要介意。"郑光复回答："他跟官员讲话谦恭奉承用词很达意嘛。这不仅是教育低，或教养低，或态度差，而是人格低。若非朋友之面，我才不屑这种人。"

有人为人只懂奴才二字，要么自己当奴才，要么视别人为奴才。有点钱就自以为大爷、"上流"，遇见更有钱有势的又现奴才相。人格低下的人，成不了"上流"。有钱？有钱的奴才。

到处金灿灿、亮闪闪，银铮铮、红彤彤。洛克克的装饰，路易十六的桌椅，够富丽堂皇。

水粉效果图把材质表现得淋漓尽致，光彩夺目。

炫耀的法国贵族，当然是不知后来要上断头台的时候。能用水粉画出如此金碧辉煌的效果，建筑师的水粉绘画表现功力，以围棋段级评估，不敢说九段，也能有七八段。

上海宝山银都宾馆宴会厅 /水粉 1994

寻访香格里拉

1998年1月郑光复从云南归来游记："据说那儿就是香格里拉，我却未到世外桃源。而美丑皆难忘的那片红豆之乡，留下了我深情的足迹。只不过，百感交集。

对大理多年的向往，不幸多半冻死在那苍山雪、洱海水之间的冰凉。虽说在古建筑的专业领域，还不乏收获，但那新楼与轻率对待历史的状况与趋势，尤其社会风气，经营作风，叫人无奈地失望。回忆是一片淡淡的，惆怅，站在那假冒古物的新城楼上。

美梦的丽江，它糅山城于水乡，如此小山小水小城，山街水巷相依，古宅老店檐脊相昵，高下参差，空间交错。深深层层奇，更可贵民风淳厚，传统生活方式与现代化并行不悖。令人惊奇陶醉的，还有纳西古乐。李陶基所作《紫薇八卦舞曲》，南唐李煜填词的《浪淘沙》，元曲《十供养》，宋末的《步步高》，其他如《山坡羊》、《水龙吟》等等，据介绍是从中原，经四川，传到这滇西北角丽江，得以保存下来的。听来令人热泪盈眶。那些七八十岁以上的老艺人，自称'出土文物'们及真正文物的古乐器、历史，叫你荡气回肠。

原来，极迷人的泸沽湖已四面秃山，山间冲出的泥石流已侵湖积成大扇面石滩，车道亦毁。林业部门立的标语是爱护森林，造福后代，却仍然砍伐，源源不断地大卡车运出巨大原木，正忙的也是林业部。摩梭人家园也非昔比，村后古林无踪，村前新屋成串，只是汉化与现代了，卡拉OK与夜总会，民族服饰用于表演，民风也商业化了，飞快。本却悠悠地，忙于颠簸，浓尘风沙，不忍回顾这原来的世外桃源。唉！ 拜拜！ 那硕果仅存的母系村落。她们还自豪地说过，村里一姑娘，走婚走到美国。

在金沙江雪山之间深狭的虎跳峡，雪水猛跃怒吼，冰风狂劲乱割，望如栈山道，遐想不远的中甸，传说与考证都指那儿即真正的香格里拉，去吗？

久在梦乡中的西双版纳，听说商业化了，已不怎样，倒还令人流连，还想重访。还有传统傣村，民风质朴。城镇正在现代化的部分，有的还有傣家风情，阳光明媚，到处摇曳着椰子、槟榔、鲜花。

缅甸一日游，全无出国乐趣。俨然游乐园一区，虽有所广于见识，终究索然无趣，奔忙尘途一天，境外不过两小时，还是匆匆草成的缅方小特区。

已离家半月余，回昆明，旧城难觅。固然新气象，已失个性与历史，大体与东南沿海无异。不痛不痒，无惊无喜。最好休息在飞机上。倒是石林重游，兴味盎然依旧，虽则房屋已密集，挤进风景区，且闭只眼，钻进石林，深谷里，一样忘返欲醉。

要不要再去寻访中甸，香格里拉在人间吗？在那南国？在冬季，红豆还未成葵呢。白云悠悠地无垠，舷窗外平平淡淡，不知南北东西。"

针对不同的厅堂，设计、取景、绘画方式都不尽相同。每幅都是精致出色的设计与表现。

内行看门道，外行看热闹。看什么，看多少，随意啦。

上海宝山银都宾馆大堂，咖啡厅，多功能厅，接待厅 /水粉 1994

加拿大的城市公园

城市公园是为城市，还是为市民？　是看的（美化城市形象），还是用的（改善市民生活）？这问题本不应该是问题，城市不就是市民的么？且慢。

19世纪上半叶，纽约市人口三十多年间增长到四倍，城市拥挤。市民需要一个宽广的公园露天活动、休闲，骑马跑狗散步划船之处，像伦敦的海德公园。当然，其中有西方上流社会户外活动传统之需，中央公园毕竟是因市民生活需要而建，顺带也美化城市，著名。注意，不是“城市形象”，而是“城市”。由此发展出遍及世界的现代城市公园的模式。

1999年郑光复去加拿大探亲数月，对东部，特别是多伦多周围进行了仔细的调研。不像纽约市中心集中的中央公园，多伦多有很多大大小小的公园、绿地在城市中分布、穿插，与各居住区紧密联系。居民行走最多十几、二十分钟必有一较大的城市公园。其中基本就是自然林木山水景观，小道穿过，几张坐椅，一片草坪。除厕所与饮水台，几乎无亭台楼阁之类。人们来此不是看景，而是散步，骑车，跑狗，观鸟。大点的公园还配有公共球场、泳池。

这些公园不是城市的标志摆设让别人看的，而是社区的活动场所，让市民自己用的。也许别人不知道多伦多的公园是否著名，但多伦多却是北美绿化最好的大城市之一。郑光复深以为然，在设计中力图实现类似理念。

国内与几十年前相比有很大进步，但仍有地方似乎对“城市公园为谁”还没搞清楚。有时见报某公园工程可“美化城市形象”，其中却缺乏供人活动的休闲设施。宽阔的人工水池装置昂贵的音乐喷泉，却一年喷不了几次。极个别的甚至有把建成的椅凳、球场、草坪围圈锁住，闲人莫入。把公园当城市广告、商标。这种“形象工程”与其说美化城市，不如说美化城市形象，不如说美化市政官员形象。有些设计师为了“艺术效果”，把公园、广场当做景观、装置艺术作品设计，忽视市民活动休闲的需要。公园是城市的吗？城市是市民的吗？任何市政官员和规划设计人员都应很清楚答案。再问一次：

究竟城市公园是为城市，还是为市民？ 是看的（美化城市形象），还是用的（改善市民生活）？

上两图郑光复在展示介绍天安大厦设计方案

南京天安大厦 /水粉 1998

著《建筑的革命》

1999年出书，对中国建筑进行了反思与探求。

摆脱全球性的建筑学危机，是20世纪70年代以来的大课题，是全世界的建筑师所思考的重大问题。全书从生活场、科技系统、经济产物等不同视角，对建筑的本质及其诸多相关问题做了多向度的阐述，尤其涉及那时建筑界及建筑学专业教育中的一些时弊。

主要篇章

0 导言：未来建筑业危机与对策分析
1 建筑性质再认识——多元综合性
2 中国古建筑传统的再认识
3 西方建筑再认识
4 中西建筑比较
5 建筑的未来
附录：学术争鸣，你说我说

初版《建筑的革命》的封面

他是这样告诉友人他写书的心境：“写学术专著，完全是傻瓜们的事业，非但没赚，还得倒赔两万或三万五千元，才能出书。我是当做对后人、对国家、对建筑专业的一种奉献，一种学术生命的归宿，不计代价出的。这几十年心血，而且颇多创见，自信对建筑学学科今后的发展会有所助益。”

从山中涧溪岸坡下，高高的垒筑起石台，上置相连、略后错的两木亭，石拱桥连通，看似碉楼，却是观景亭。山东泰山的庄重坚实，尽表其中。

郑光复很喜欢在灰褐色厚卡纸上作画，纸湿不皱不积色，灰褐本色省却再画中间色调，背景非重点用简平色块加炭铅笔，焦点主题重彩明暗鲜明。绘画起来既好又快。

灰褐色本色？是讲纸色，还是现在平时的天色？怪不得画起来蛮符合现实效果的，郑光复真聪明!

理解错误？　千万别扔土块哦，更污染空气、更土了。扔砖头吧，或扔更坚硬的，像玉、钻石，没意见。

泰山园林观景亭4(建成) /炭笔水彩 1999

该醒醒了！谁?

近十多年来外国建筑师在中国大展拳脚，中国建筑师受到公众质疑甚至轻视。2001年5月10日《北京青年报》刊文“中国建筑师该醒醒了”，以北京国家大剧院方案竞争为例，质疑中国建筑师。为此，既对现象有同感，又对其原因和背景深感有必要挑明，郑光复著文“是该醒醒了！谁？”（《南方建筑》2001.06）

“究竟谁该醒醒，却须从中国建筑设计业大背景中去认识。

中国建筑师经常遭受到的障碍有六种：一，不少规划局有一些别有所图者的‘戏法’；二，不少业主筹建办有一些别有所图者的‘魔术’；三，不少方案评选有一些‘奥妙’；四，设计费率、设计周期不公平；五，社会风气的压抑；六，建筑科普既乱且差，严重影响舆论、决策与设计。

规划局里会有一些‘戏法’：有人不让建筑师设计通过，除非请其合伙或有关系的公司参与、出国‘考察’等。我一学生任规划局处长，也这么玩‘戏法’招待过我，丰富的是礼貌，然而结局是他推荐自己哥们设计，我的方案成了‘赞助’。难忘那副清官式的一副面孔和一口口的吞云吐雾。

有些业主的‘魔术’更妙。大压设计费，却买高价器材，以便收回扣，除非建筑师给予‘好处’。无视建筑师专才，任意不断擅改， 结果面目全非。

评审中也有‘奥妙’。业主可以有关系评委，并款待‘随和’专家，使成多数，主导意向，少数正直敬业的专家是翻不了天的。

设计费率与设计周期不公平，中外建筑师同工不同酬，相差悬殊。在设计上低收费，短周期，多干扰与变更要求下，如何有类似质量？ 中国建筑师长期疲惫，加班加点，深陷恶性循环而成为‘血汗行业’。 怪不得有一阵，有些中国建筑设计公司不得不取洋名，拉洋建筑师挂名，甚至挂靠洋建筑设计公司，以显得为外国公司。

社会风气中对建筑设计不够了解、尊重。要么把建筑师当匠人呼来喝去，要么把设计当艺术只重外形。且喜抄袭，崇洋，不尊重创新。‘山寨’版各国名建筑物在中国屡见不鲜。

由此引出中国在建筑设计中的科普问题。‘无知于建筑本质，歪曲为艺术，一切错由此生。’”

郑光复此文十多年过去了，中国建筑设计业有改善吗？有什么类似经历？好像变化有限。

在人们宁愿买比外国还高价的iPhone和LV包，却视用盗版软件理所当然的地方，建筑设计这样的“软件”有谁愿多花钱？在尊重知识产权上，中国还有蛮长的路要走。

大厦由下至上层层收缩，就像山。正中顶上一轮火红的球，就像太阳。下面还有大屋顶和红门，就像……南天门。不就是泰山日出的象征么?

设计力图表现城山一体，天人合一，亦古亦新，历史文化及风景旅游名城。下图设计形式风格则比较传统一点。

这庄严雄伟、威风凛凛的气势，再加上大红的门厅前的国徽，明确显示是泰山当地的权威机构——泰安市政府。

一看就是中国某地的政府大厦：对称庄严神圣，威——武——。感觉膝盖有点软。非常中国，非常泰山，要顶。

中国各地的政府大厦多是一幅对称庄重（沉重?）的样子。连上海世博会中国馆都要那样唯我独尊、君临天下的气势。建筑师也没办法，业主们点的谱。没让弄个山寨版美国白宫或国会大厦，就谢天谢地了。

山东泰安市政府大厦 /水粉 2000

自费考察北欧建筑

2001年郑光复又一次组团自费考察北欧诸国，义务安排。

因成员全是国内各地建筑学方面的中老人士，委托旅行社拟定行程，参观项目等多数是郑光复精心特别安排的，其中很多是考察以前仅见于书本上的建筑史经典。国内没多少人知道德国魏玛市，它却是德国20世纪上半叶历史上以及世界艺术与设计史上极重要的一部分。郑光复专门安排去参观，当地导游都惊讶地说第一次见中国旅游团来此，且了解那么多内容，对许多初到之处竟滔滔不绝地介绍和评论。他们说在郑教授面前，都惭愧自称导游了，郑老替他们开发了新景点项目。

二十天左右的旅行紧凑而充实，大家基本上没花多少时间逛店，也没看秀，回来带的主要就是一堆幻灯片、照片与录影带。郑光复多年来各地参观访问期间，拍了成千上万张幻灯片和照片，分析整理以作教学、科研和写作之用。

常见新闻有关官员出国考察变公费豪华旅游。这些建筑学老先生们，其中不少已退休，居然自费进行专业的实地考察，是不是有点老年痴呆前兆？　是对当年学的那些建筑学经典的一趟朝拜之旅吧？是了，他们还有理想与追求，毕生的追求，像宗教一般虔诚，绝不是物质的享受。人贵有精神上的希望和理想，才会有努力的动力。

那些官员的理想是什么？打造当地某某之最的旅游设施和创收项目？怪不得很辛苦千里迢迢亲身尝试一下，真该大力表扬一下哦，别太低调哦。还是透明一点，免得小人们误解大人。

郑光复在欧洲考察建筑时拍照

传统民居牌坊，玻璃几何形体，截然相反，但都是亭子设计上的创新尝试。

风景区里让汽车休息的路亭？开个玩笑。

猛一看，以为两图是不同设计师的不同项目。其倒是清楚地显示出郑光复职业生涯的三大兴趣：
传统的积淀与着迷，
创新的尝试与努力，
绿化的梦想与追求。

山东泰山园林芳花雨亭 /水粉 2001

面对生死

郑光复的母亲一生坎坷，大富大穷都经历过，可始终意志坚强，个性独立，积极乐观，高寿九十，2001年逝于北京。郑光复自认相貌像父亲，性格像母亲。

2002年秋，郑光复查出癌症，赶紧全面检查、住院、开刀。开刀前夕，郑光复给子女写了十几页的长信。

“这病，要靠昂扬的意志、乐观的心态，平静而充满活力的心情比许多药物都重要。不消说，这次毕竟是人生的一个重要关头，又一次生死界上的思索。此时此境，最思念的是心爱的儿女、孙女们。好想念你们一家。非常感动和感谢你们！

……都对前面已过去的人生历程，简单地回顾小结一下，也是老爸面对生死的一番心境。无尽的祝福，无尽的思念！　　　今天要手术了，相信会很好，又不免想多多给你们写些，比电话长久，也是一份我人生一个关头的纪念。（为邮寄　，用薄纸）2002.12.19　”

回忆、展望、感念、叮嘱、祝福、感谢。感谢？　通常是子女对父母的养育之恩情表达感谢，而父母对子女的成长之乐趣和美好记忆表示感谢，还细心地省钱，真正无私不求回报的慈父之爱！

他乐观的性格让他手术后恢复很快。

2003年在庐山召开的中国建筑学会建筑与文化研讨会上做学术报告

大型的会展中心并配高档商务旅店和办公楼，意图与广交会竞争。业主不满意他人设计，慕名委托郑光复设计。建筑师很好地针对功能与流线分区，综合环境条件进行城市设计。根据广州气候湿热与观念开放的特点，建筑师大胆采用立体绿化建筑的理念。

此设计拟有生态化创新：由地下、地面、屋顶乃至垂直墙面上形成的空间立体培植绿化，乃至树木，整合为一体的生态生活方式。

“在城市设计层面：一是在商业园区与生态公园之间高速公路上架设三层桥楼，屋顶层园林连接两区。二是设下沉式会议中心及广场，其上覆土植被融入公园。三是生态公园沿高速公路筑半丘楼，即向公路一面全覆土植被若丘，而背公路的一面为低层曲楼，可阻减车声尾气。

在中心商业园区以多维多层次园林绿化系统。其一以下沉庭院引导贯通生态至地下层内的花园。另一系统的屋顶花园分设各楼不同标高多处。第三系统是地面园林多种休闲服务设施置于亭台楼阁。第四系统为墙面花园，不是一组大阳台，而是垂直面上连续的花园，（为此有发明专利）使楼宇各层面皆通此园，可游憩与上下交通。这‘崖园山径’的多功能性，融合屋顶花园、地面与地下花园为一，是以生活方式生态化为灵魂的创新，本质迥异于纯精神性质的艺术创作。

在单体建筑层面还有四方面生态化：一，尽量利用自然通风采光日照；二，生态化生活方式的室内园林；三，生态化建筑样式；四，绿色材料、节能节水、污水处理等等……”（摘自“建筑创新的是与非——借中岱国际广场方案构思说创新准则及其他”《南方建筑》2004.06）

因用地甚至业主的变化，工程项目改变，设计未实施。

“绿化”建筑的构想是多年的追求，并表现在各类规模、功能的设计方案中。从小型低层的商业服务建筑至大型高层商贸中心，均大胆尝试和推荐，甚至发明专利。惜心血与追求几无实现。

当涉及几百万、几千万元乃至上亿元时，建筑师的意见往往在工程项目中不受重视而被牺牲。设计创作在实际建筑师的工作中也许只占百分之几，并非最好的设计可最终成为中选方案并成为现实。

世上有一些著名的未建成的设计构想影响深远，也时常有纸上建筑或概念建筑的设计竞赛，其中一定有不少启迪性的珍珠，散落在历史的长河里。不知哪能收集设计师们的各类“纸上建筑”存档成为数据库，供人检索，一定会成为一个启发设计创意之源。

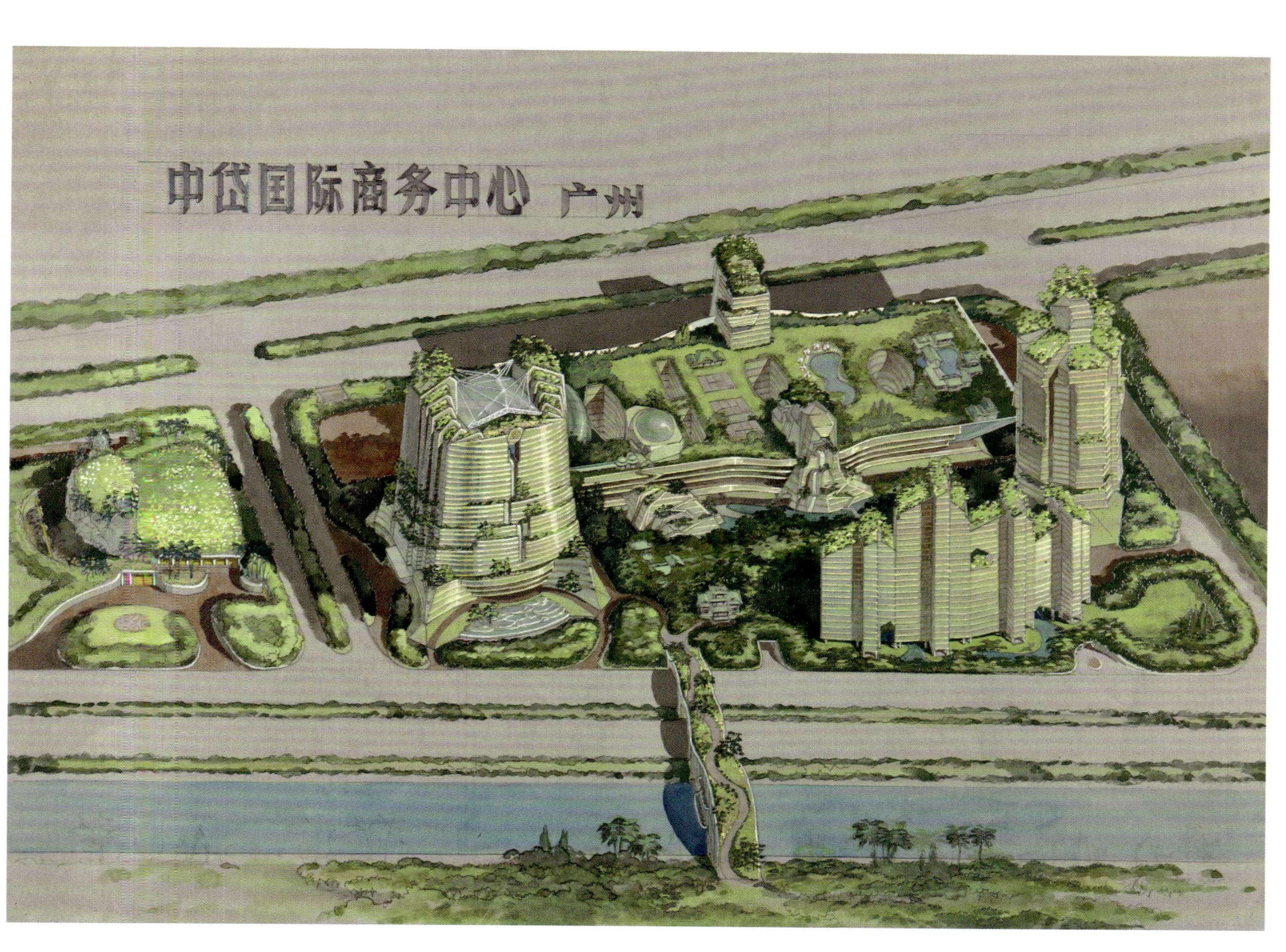

广州中岱国际商务中心 总体鸟瞰 / 水粉 2003

科罗拉多大峡谷

2004年郑光复赴美国探亲几个月。周末逛纽约的大博物馆和苏荷区的各种小画廊。开车在市区郊区到处看，有时看见漂亮的社区和住宅就下车拍照，儿子提醒如此擅拍私宅在美国不大合适，得站远一点。急急拍几张，匆匆溜走，然后偷偷地笑。

游拉斯维加斯，Billagio大酒店前赏音乐喷泉，威尼斯人酒店内渠坐贡多拉船。有天一大早起来租辆车，上93号高速公路穿过胡佛大水坝，山上盘旋一段，就驰上40号州际公路。向东一马平川的荒野，再转64号高速公路向北。

“不料沙漠如此富于生气、从内华达进入亚利桑那，莎草变小灌木，渐高渐换矮柏球，终成高高松杉森林。豁然开朗，视野难尽的，便是科罗拉多大峡谷。谷中连草也罕见，却令人着迷，深峭断崖，层层岩不同，彩虹叠凝？鲜花堆积？色艳却雅，都糅合了淡淡灰色，沉着绚丽……

一片洪荒的科罗拉多大峡谷，谷中几无生命迹象，河小浑浅，蜿蜒谷底深处，偶然一亮。谷内及崖顶边沿林带都绝对保护自然原始状态，草木乱睡，野草恣意乱窜，松鼠旁若无人，来脚前玩玩全无机心，令人怦然心动，中国的松鼠呢？　崖边一串观景点，其西端一小店，有饮料面包小食及些许纪念品，屋小廊大，遮阴避雨，临渊赏景，小憩宜人。此串景点东端又一服务点稍大，崖边建筑一如西端的粗犷野趣，与峡谷情景交融。那里建筑都富于感情，与峡谷窃窃私语，又如峡谷代言人，在车上远远一瞥，心即去了。整个规模如山村，建筑主调天然粗犷，有乡土传统特色，美化又和谐于自然风景。从国家公园出去，车行10分钟，即大峡谷镇，颇大而百业俱有，建筑较崖边的稍精致多样，店家也稍大，旅馆档次也多，而全镇建筑整体风味仍是乡土传统特色，亲切可爱。门票附给不少信息资料，说明峡谷形成、断崖各层地质知识。信息中心还有更多峡谷科普书刊，据此下谷层按图索其地质特征，兴趣盎然，更耐心寻味，更留人盘桓。文化格调与欣赏品位都高，旅游业应陶冶人们的情操。在欧美旅游景点很难听到胡诌鬼话神迹，中国几乎所有景点都泛滥神怪与伪编的‘传说’，而且多数雷同，拙劣更令人讨厌。那大峡谷洪荒粗野，却这般文明，有如此多层次的优美。”（摘自郑光复的“美丽的忧思”《建筑时报》2004.07）

在景区东端的印第安碉堡式的沙漠观景台上沐浴完最后一道夕阳，再回首。470多公里长长的黑幕，只见两道白光，照见飞速驰过来的平行车道，钻入车下，伴随微微晃动和沙沙声。平直而单调，孤车夜行。近午夜，远处微光渐近渐大渐多彩，又闯回到那疯狂热闹的不夜赌城。

这是设计和视角完全相同的建筑效果图，一幅徒手绘制，一幅电脑绘制，喜欢哪幅？

“绿化”的梦想，也不会忘记在高层建筑上尝试。除屋顶、中庭，立面的退层平台，都刻植上绿化，甚至几层高的树木。在潮湿温暖的广州嘛。

作为艺术价值，当然手绘图困难、少见、价值高。作为设计手段，当然电脑作图易改、仿真、效率高。看要什么了。

广州中岱国际大酒店 /水粉手绘与电脑效果图 2003

批评“大裤衩”，预言成真

“央视新厦这方案怎么会评选出来？作为我国主要媒体的央视建造的新厦无论其优劣，必将影响广泛。而目前选用的新厦方案违反科学规律，违反经济法则，不利抵抗灾变，又喻义不良，太不得体，应当讨论。……为‘邪门旁道’。
简单化的一个大问题：谁买单？…… ”（摘自“是谁在让科学与经济掩面而泣——关于CCTV ”，原载于《建筑时报/设计》9/5 2003）

不仅此文，在他2004年再版《建筑的革命》中，以四节26页的篇幅从科技、经济、喻义、形式及设计师和评委的背景与动机等各方面，有根有据地批评此“著名”设计的拙劣。 在他此文后仅仅几年，大楼尚未完工使用，有几项担忧和预言居然应验。

——其违反科学规律，他写道：“从高部到整体成系统的，先故意弄成倾覆性反平衡的体系，然后各处再加倍地倾注巨金来偷偷扶持不倒。弄险自炫究竟意欲何为？就算你央视再财大气粗也不能穷奢极侈至这等地步啊?”

——其违反经济法则，他写道：“这个反科学与经济法则的方案，极难控制造价；建成后使用、维修的经费更可能是无底洞。这是预设的浪费之王，……”

——其不利抵抗灾变，他写道：“难抗火灾，这有两点不利，……整个大厦的封闭式筒体环腔，都易传播火与烟及燃烧所生毒气……”

——其象征喻义不良，他写道：“评委矶崎新曾不止一次用建筑来表现或象征男女生殖器，够前卫的啦！……就在库哈斯所来荷兰，在阿姆斯特丹靠近红灯区的运河边，有座大理石雕的阳具指天，带着两石球睾丸，……我困惑，是否那阳具石雕也应立到北京，放大再加高，怪怪的，巍巍然世界之冠？”

——其太不得体，他写道：“北京、天津文化传统好诙谐，常为建筑取绰号……若坚持这‘斜门方案’，恐怕在市民口中更加千奇百怪……”

这么灵验的预言成真，真祈求到此为止，其他失灵。否则不敢想象大楼建成使用后，他对灾难的担心预言。

——设计师和某些评委缺职业道德，他写道：“应有的职业道德修养都应当对所付费建设者负责，而不应将建筑作为表现设计者个人好恶的‘艺术’游戏，这是建筑师必具的起码的修养。……外国玩家可以不负责任，不是他的钱，而我们的评委们又岂能不负责任，听之任之?！”

若郑光复是评委，以他博闻广识和坚持真理，早一眼洞穿个别外国“建筑大师”的把戏，且决不会妥协让其过关。当然，他多半也当不了评委，传统文化和官场中他这种人属“恃才傲物”、不识体统之异类，而不是凤毛麟角的宝贝，不能见容。

郑光复最早看出该建筑师在开色情玩笑，对浪费人民和国家的钱去追求形式深恶痛绝。这文章引起社会各界的广泛回响，互联网上搜索一下，成百上千条引用。此文中郑光复对CCTV新楼有多方面批评，别人多关注有关形式喻义不良的部分，其实他最深恶痛绝的是其巨大的浪费：“谁买单？ ”又想到他的担忧和其他灾难预言，背后开始发凉……

央视新厦设计效果图和模型（采自CCTV.com）

广州中岱国际品牌中心 /水粉 2003

高调轰鸣，戛然而止

2004—2009年

人过七十会怎样了？大部分人已退休，淡泊名利，养生保健，颐养天年。

“我感到现在正处在专业的一个高峰期，学术研究与出版专著也好，设计也好，总是感到灵感泉涌，左右逢源。‘而从心欲，不逾矩’。这‘从心欲’是没什么学派的框框可以限制我，这‘不逾矩’是虽随心所欲，仍然合乎规律，合理，合情，富有文化内涵、生活情趣，优美别致而且脱俗。有突破创新，而且社会反应好……” 这是郑光复七十岁时的自述。

仍然不懈地追求，名利权位么？对社会与建筑的理想么？

书页典型格式

郑光复在龙胜的留影

广西龙胜是少数民族聚居的贫穷山区，县城位于山谷中桑江南岸，已无多少发展余地，所以打算开发江北。规划利用山坡地形架桥通路，划区分流，以经济、功能、环境、甚至文化保护全盘综合设计。

龙胜桑江北区的策划、概念规划及详规中，永久性整体保护利用三个古村寨，作为民族文化“酵母”，组织建筑文化的风格“梯度”。梯度分：1，永久保护古村寨；2，古典及乡土仿古；3，古新相糅，民族风较浓；4，新古合一，新颖中有民族特色。

略为整修的再生古寨，并入步行旅游区。原村民原地就业，民俗、土产、农家乐。那是他们几代的家园，只有他们才会尽心尽力去保护。规划既赋予新区原汁原味传统文化环境，又不拆迁损人失财，两全其美。保留原址原屋但更兴经济文化，既不是纯保留任其衰败或专款维护，也远强于新建假古董，兴许创造旅游新热点。不过当地干部打算先不动，留为“城中村”以减少拆迁，过几年就拆除，因为面南依山临江傍溪是房地产开发的风水宝地。况且村民们弱势群体，大概也无力抗争。

广西龙胜 县城桑江北区详规 /电脑效果 2004

《建筑的革命》再版

《建筑的革命》因广受读者欢迎，2004年再版加印，并根据一些现实案例和读者反应，增加了第八章“《建筑的革命》与现实”和附录2“读者的评论”。 此书的观点与文采独具一格，在中国建筑学界算做一奇书，不妨一读。

再版《建筑的革命》的封面

一谈建房修路，就是三通一平、六通一平，先整一大片平地再说。这从苏联专家沿袭来的“一平”是思想懒惰与愚昧的灾难。在山坡上建设，可因地至宜，分划小块阶梯，每个小地块各有最少量的土石方搬移，街区随地形错落，有天然之美。切忌不可由开发商垄断开发，造大平台地。

一条双向大道可分成两条不同等高线上的单向车道，减少土石方工程，既经济快捷，又环保美观。结果县领导立即否定：“那不气派！”

桑江北区规划虽经审定，操作时全变。开发商的推土机正移山填谷造大平台。

从南京去广西山区多次长途往返，抱着扶贫和传授的心愿，全化为小鸟，看着自己的树、山坡、小溪，正变成大片的土台，只能远远地离去，不想看见新起的石屎森林。

一位《易经》学者忠告郑光复：“宜东不宜西，宜南不宜北，宜海不宜山……”

“桑江一梦，仅余淡淡悠悠的悲哀，那贫困乡村，那大好河山……”郑光复叹息。

开发商在商言商，不一定顾及对公众和环境的影响，这就依赖政府的指导与监管。规划设计师再努力，做再好的规划设计，若实施者只顾自己、眼前利益，牺牲他人、长远利益，结果就难料了。

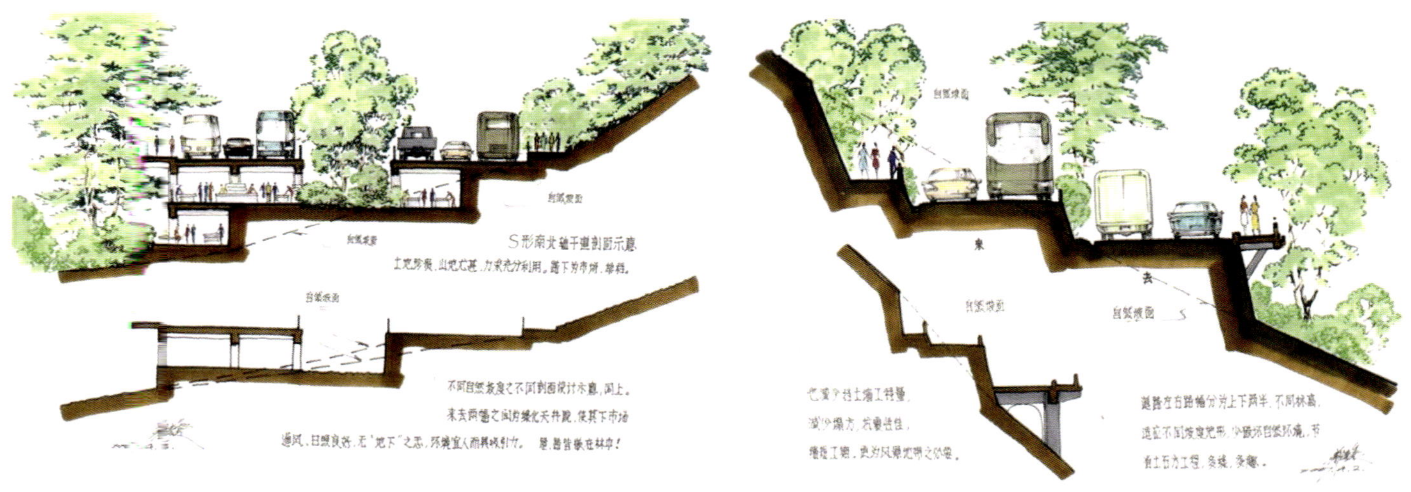

广西龙胜 县城桑江北区设计 / 电脑效果 2004

怜悯，同情与尊严

郑光复是“人人平等”的忠实信徒。他对人不卑不亢，平等尊重；对有权有势有钱的人不会低三下四、逢迎拍马；对弱小卑微贫穷之人却怜悯同情且维护他们的尊严。

在广西阳朔农家乐，见房舍破旧，与店主聊改善之道。店主说想重建但不知怎样好，他自荐做个设计。店主说小本生意人辛辛苦苦，也请不起大教授做设计，他说免费设计。随行人提醒别多管闲事，且店主也应有些钱，当心骗设计。他正色回答：看村舍，农民们生活好不到哪里。就算受骗个设计，只要他们生活好一点，我也心安。

在广西龙胜著名的梯田登山时，一同行者背着背包。旁边一当地中年妇女央求替他背包。郑光复就问她：包不重，我们可以自带，但你要多少钱？　农妇答：十元。又问：一天可挣多少？　又答：也就背两三次挣那一点。他就让同行者把包给农妇。同行者说：那我就白给她十元好啦。农妇坚持背包，否则不要钱。他就称赞民风淳朴，不愿不劳而获。批评同行者要尊重别人，不能像施舍似的待人。

在龙胜做规划项目，他去龙脊梯田研究古寨民居，看到木房相互挤贴，电线乱拉，明火煮炊，当即要求陪同的县城建局干部想办法改善。别人只是敷衍了事，可几年间每次因项目从南京去龙胜，他都要询问县里干部究竟有何措施，提议至少每家发灭火器一瓶。后来一场火烧掉大半个寨子，损失惨重。那时官员们才说：郑教授是预言家，当初要听建议就好了。他却深深自责：我不是预言家，我的专业让我看到隐患，却做得不够去避免这大火，无颜再去龙脊梯田见乡民。闻者动容。

在广西龙胜的旅馆里向服务员借用指甲剪，结果第二天匆忙回南京忘还了。回来后急忙打电话给旅馆道歉，还用挂号信把指甲剪寄回。说他愚，却回答：龙胜穷山区，人家辛辛苦苦挣不了多少，虽小物件，但丢东西说不定受责备罚款，还是应寄回以示其清白。

他的龙胜规划项目中乡城化的部分理想，是再利用原山寨和就地安置原村民，结果完全被遗弃。他主要倒不失望于白费自己的努力，而是失望于失去帮助贫困山区农民改善生活的机会，而这本是当初接受该遥远项目的始因。他后来在文章里谈及理想、实践时叹息，不为自己，为那些苗瑶寨子里的穷苦山民。

他对领导和业主因不平偶尔会傲然发火顶撞，却从不对劣势人群大声，反而格外留心维护他们自尊。人有富贫聪愚高低美丑，但人格上，“人人平等”。

新造建筑物依山顺势，化整为零。当地乡土风格，尽量环保绿化。

环保绿化不单是建筑流派、时尚流行、或个人喜好，那是人们生存的必需。

古时候地广人稀，林木广阔，人们肆无忌惮地伐木造屋。现在哪里有木？　高价进口。

以前五湖四海，水波浩荡，人们围湖造田、截流灌溉。现在哪里有水？　引流、深井。

现在天地之间，空气无际，人们不在乎地放烟排尘。哪里都有空气，真的吗？什么样的空气？

如果环保绿化是外国的远虑，确已是中国的近忧。

地球上的氧气基本上靠绿色植物与光和水的光合作用产生。小时候学的，还记得么？忘记了。

人无远虑，必有近忧。绿化环保不是仅为眼睛，更是为了胃和肺。再说一遍：
我们不仅看绿化，
我们吃绿化，
我们呼吸绿化！
将来还要呼吸么？醒醒吧！

广西龙胜 白龙桥南头——花园式商住楼方案/电脑效果 2005

寄语建筑学生

常有不同年级的学生向老师征询前程建议。根据数十年教学经验，针对毕业班、低年级、高年级，郑光复写成“寄语在校的建筑学友”（《建筑时报/设计》2005.01）。下图是“致拟求职的毕业班同学”一页手稿。

寄语在校的建筑学友

郑光复

致拟求职的毕业班同学：

求职是前途奋斗方式、生活方式、人生志趣的选择。奋斗方式有两类：合理冲撞，最小阻力。这需冷静全面分析主客观条件，设计您的人生。千万不要随大流，一窝蜂抢最红火，即竞争最激烈的去处，除非选择合理冲撞。

这两式都有利弊，如何选择，因人而异。

早些年盛行“孔雀东南飞”，尤其去深圳。曾几何时，那边设计市场萎缩，“孔雀”似蝗，饿走于北，纷纷外出全国各地找机会。但孩子、房子、车子与医疗关系及社会网，都已扎根，并不容易拔起来易地扎。有谓：“人挪活，树挪死”，活是活，并不易，挪也难轻易。目前我国经济、社会尚在剧变过程之中，有关条件未必那么成熟到易挪易活。诚然，不扎根，浮萍般飘，挪倒不难。不过人在一定年纪该做一定的事，该扎根时当扎根，机遇、缘份难再。

当年一窝蜂闯广东、下海南，同行多子过

17015207.98.9

20×20=400　　第 1 页共　页

另外，“致在校高年级同学：在我教与学相加逾40年的体验中，大学高年级建筑学专业的同学，有个戏剧性的转变。先是多自信到似胜大师。到最后一年，尤其快离校时，猛回首，痛感不足、困惑，甚至空虚。到社会上，工程实践中，头一两年碰壁立知，建筑根本不同于天马行空的美术、音乐……建筑设计不能那么主观、自由，必须受实用、经济、技术与环境的制约。”

在阳朔西街吃农家餐，与农民店主李莎聊成朋友。她的农家乐小旅馆兼餐馆，很有特色，也发了点财，想在附近增建。郑光复很欣赏阳朔西街的情调，也欣赏当地农民的勤奋，便自荐帮着设计。

告之这种小建筑，既不会出名，又不挣钱，还麻烦，又远，何苦呢？宣称：到了这年纪，钱也够用了，名也无所谓，还是做自己高兴的事儿。虽小但有趣呀，在风景名胜阳朔西街造新房可不简单哟！很多当地农民不富裕，能帮一点就帮一点。

房址略低于街面，入口上下半层进入两层的空间。五层楼房的立面化整为零，看似随意的民居加建，并设置花槽绿台藤架。追求的不是自我宣示，而是融合进当地山水田园的乡土气息。

是啊，面对漓江、阳朔、西街这样的绝世美景，还想看什么？与其说此设计是为业主，不如说是为西街，为阳朔。西街附近有些街道新造了很多房子，不伦不类，郑光复很担心西街会变成那样。中国有不少美丽的旧街，就是被新建给毁了。既然禁止新建在各地办不到，那如何让新建大房子与旧有传统矮小民居协调，绝对是建筑师面对的一个挑战。

有时，建筑师的设计，要的不是自己立新，而是“不”破旧！

广西阳朔 李莎酒店 /电脑效果 2006

泰山园林风格

中国园林以依附住宅的江南园林和置于皇家宫苑的北京皇家园林为两大主要派系。此外地域上还有诸如岭南园林、蜀中园林等，附属上尚有庙宇园林、风景区园林等之别。

目前各地造园、建景区多搬江南园林或北京园林的模式。其实中国园林以自然为题，人工置景的精髓是共通的。而风景区本身就是风景，建筑物除功能外，只是装饰点缀和画龙点睛。当然也有自然风景之外专设的人工景区园林。无论哪种，在那时那地，建筑形式和风格为何抄搬他地的呢?

郑光复自20世纪70年代庐山风景区的规划与设计以来，对中国各地的旅游风景区的策划、规划、设计等多有研究与实践。设计不同地区的园林与建筑，充分结合当地人文精神与文脉建筑特点，运用不同的风格。他在前后十多年的山东泰山风景区的园林设计中，采用与南方的空灵精巧园林风格完全不同的设计风格，以展现其气质——敦实雄伟。

他借用北方古典殿堂建筑的型制，或北京皇家园林建筑形体特征，但采用较为朴素粗犷的材料、色彩与细部设计，融合当地民居风格，从而自有独特的合于环境的风格，不妨称之为泰山园林风格。

郑光复以当地的人文精神与文脉建筑特点为启示，探索独特的园林风格。

大量采用当地的石材垫基、垒台、筑墙、砌柱，粗犷扎实地屹立。多用坡屋顶，但屋檐起翘少、檐口厚，是中国汉、唐时期的大屋顶形式。色彩以石木本色为主，装饰简朴，整体仿佛从当地山石中“生长”出来，雄浑古朴而大气。

日淡月明、山林围抱、树静人稀，休闲隐居的好去处。工笔画似地用炭笔仔细勾描树影叶形，写实派似地用水粉精心涂抹石块瓦当，色彩线条沉着熟练，有条不紊。炭笔水彩或水粉表现图，透出沉静悠然的心境。两幅图绘制方式不同，但都具有很强的装饰画效果。

国际上高级的时装设计师大体有两种：设计成衣批量生产，或因人定制独一无二。成衣设计师迎合大众品位，自然不太可能标新立异，以商业推销为主。卖得多，可能成很有名的“大师”，但从设计创新上看，难称“大师”。

定制服装设计师针对个别或小批量特定顾客，要求差别大，说服对象少，反而可标新立异，成真正的创意设计“大师”，不过既然服务小众，多难得在大众中出名。当然区别不绝对，也有两方都涉足的设计师。

顾客也有两种：了解自我而选购，或无知盲目而跟风。了解自我的人中，又自信有知之人，不专注某一设计师品牌，而专注要的商品本身是否合意。了解自我但不自信或自知无知之人，多跟定某品牌，信任设计师的品位。

无知盲目的人，有的既无知，不自信，又不信任设计师，完全看他人、众人和流行而从之，东施效颦而不自知。也有无知却自信，自以为是之人，既不从众也不随设计师，更难料会买什么。若恰好还有钱有势，请人量身定做，却以无知指导专家，那简直对双方都是灾难。

郑光复就像定制服装的设计师那样的建筑师，因每个项目而专门设计，极重独特的创造性。在中国当时建筑市场有知有品位的业主太稀少，多是无知盲目的“顾客”。他这样的建筑设计师，就算真正的创意大师，若不能同时成商业运作成功的设计“大师”，处境也难，成果也少。

泰山桃花峪桃花山庄，入口山门 2004

创作自由——仙风道骨的绝品

2005年业主邀请北京、西安、上海、南京等多家全国最顶尖的古建筑设计单位设计方案竞标浙江长兴顾渚大唐贡茶园，经评委讨论，认为郑光复的方案概念与设计手法十分独特，一致推选该方案。评审主席清华大学建筑系李道增院士充满激情地给予高度评价。临走时对业主说：这么多文本太重不便带，我只要郑光复教授手绘这份。现在基本都是电脑制作的投标设计方案，很难看到如此精美的手绘文本。业主印象深刻，后来多次提起。

远离腥臭的权斗场，忘却喧闹的名师会，忽略耀眼的捞金池，他和几位同道避隐在这乡野，不虚不躁，潜心营造。由此，
他回顾了一位标新立异的奇士——茶仙陆羽；
他精练了一套建筑设计的方法——全程动手；
他升华了一种建筑创作的思路——创新仿古；
他创造了一个古典建筑的风格——南方唐风；
他发扬了一息中国文化的遗风——仙风道骨；
他建成了一座独特经典的绝品——大唐贡茶院。

此工程前后五年，业主后来对他的评价是：性格有些固执，但先生学贯中西，修养非常人可比！

这设计是他一生中为数不多的“自由创造”，不与世俗争锋，洁身自好。给他一片真实的山野，放他呼吸洁净的空气，让他思想自由地飞翔，由他笔尖任意地涂画。他就变出这空灵浩然的建筑，透着世外道味和飘升仙气。那是他人生、人格、品位、建筑境界的化境。

同时，任何建筑也是业主品位的体现。虽然是在江浙的小城，业主甲方懂得欣赏和信任建筑师这仙风道骨般的设计，而现在哪怕是道佛圣地，都难寻这仙风道骨之精髓，大城市更不用谈了。中国文化中的仙风道骨遗风，尚存在太湖边的山中民间，难能可贵的品位。但愿以后的经营者，不会添加进去太多的俗饰。

日本有“禅味”建筑，中国的“道味”或“仙味”建筑在哪里？这就是一座。这仙风道骨的茶院，无愧于陆羽千年“茶仙”之名。

下面几页，让我们一起细细品味这经典设计，算是实地鉴赏前的引导吧。

“古迹已荡然无存，又无可模仿的同时代、同功能、适于那人那事的依据，不能不借助创新而达到‘历史仿真’之境。

创新之根在‘历史仿真’之中，扎根到渊源，沿革。扎根深入那人那事那时空的悠远深处。技术创新从属于整体创意复古。其总体创新复古始于对它的历史与文化特征及丰厚内涵的认识与热爱，而认识与热爱从考证研究得来。

大唐贡茶院是佛寺兼管的手工作坊。虽皇室专用，有些许皇家气派，却非寺非宫非苑，位于山林幽谷，应具野趣。其文化特色应有江南、浙北、太湖风情。故合河姆渡文化之干栏式以及良渚文化之台式两渊源。”（摘自《中国营造学社建社80周年纪念活动论文集》中郑光复的“全过程创新的‘历史仿真’”）

史载顾渚山坡原址已无古迹，仅遗留杂树荒草。既然唯一的遗留就是地貌，那就把这地貌当“文物”对待。不动或少动地形，干栏架空，也是为了保护仅存的“文物”。

设计特征：
环境以山野茶园竹林，
格局以唐寺大殿高阁，
主建筑以干栏高台架构，
屋面以唐风深远出檐，
质材以粗犷原木清漆，
气势以陆羽之潇洒不拘。

融合南北不同式样，风格完全创新，看似有源，但无仿造。

总体设计分三期：
一期后部佛寺大殿及副廊，设基调；
二期中间“陆羽阁”及两侧茶作坊展厅，为灵魂；
三期门殿及商业场所，为经营。

一、二期工程获建设部中国民族建筑委员会的设计与施工金奖。鉴于郑光复不属于施工图设计单位或施工单位，除邀请专题报告外，另单独发一设计奖状。

这种创新仿古，是对历史充满敬意，而不是随意，更不是敌意。创意复古主要针对无古无迹的“古”，进行“创意复”。有史有迹的“古”，还是尽量“复”，少“创意”。

浙江长兴 顾渚大唐贡茶园 鸟瞰 /电脑效果 2005

“传声筒”游戏里的建筑设计

玩过或看过“传声筒”游戏吗？就是一群人列一排，头起一人悄悄地告诉旁边人一句话，此受话人再转身把刚听的话“原版”悄悄地告诉下一人，如此传递至排尾之人。最后排头与排尾之人展示此话，两者通常差别不小。尤其其中有人随便违规、自我表现、听说有碍、智力欠佳，则差别更显著。

建筑师设计工作过程中要面对很多人，主要是四类人：同事、官员、业主、施工公司。在职业化健全的体制环境中，各方大体上各司其职、循规蹈矩，建筑师可以大大减少与各方面沟通争执所耗费的时间和精力，并基本将原始设计实现。可有时候同事各行其是、官员低能霸道、业主自以为是，或者施工人员擅自改动方案。再说建筑师也有良莠不齐，就算有好设计，经过这么多人，有时原设计就算最终实施建成，也会面目全非，不就像“传声筒”过了一趟，老母鸡变鸭？在一项工程中同时碰上尽职尽责上乘的同事、官员、业主、施工，恰好还有绝好的设计，顺利实施，要些运气耶！

此项目业主为长兴县所属开发公司，官员与业主同声息，资金以政府拨款为主，项目以宣扬长兴为主，经济盈利为辅。工程设计施工图为宁波中鼎建筑设计研究院所作，吴院长是郑光复高徒。各方相当尊重郑光复及其设计，实施认真实在，资金按期到位。从领导至工人都确实珍惜当地宝贵的文化遗产，力图打造相配的物质环境，实为国内建筑师们难遇的同事、官员、业主与施工公司。

郑光复算有幸中奖了吧。结果？工程设计与施工金奖。

现存的隋唐建筑样式，除古画比如敦煌壁画上不准确的形象外，大体只有两种实物依据，即山西五台山唐朝南禅寺和佛光寺东大殿，以及日本奈良、京都等地的寺院、殿堂与塔。中国南方的唐朝建筑无遗迹。郑光复这种融合北方殿堂唐样式与南方架空深出檐的仿唐式样，虽是创造或杜撰，但有合理依据。并非公认法规样式，仅为个人创新风格，就称其“南方唐风”吧，便于后面述评。

不像北方筑土石高台，此处殿廊都建筑在干栏架空的高台上，宽阔的木阶飞架殿前。配廊、耳房、大殿层层叠高，烘托中间唐式大殿大屋顶。其出檐与柱高比例却远超五台山佛光寺，创造出空灵雄健的风格。

整个建筑群周围是竹林，很多很多的竹子，称“竹海”，像海一样，风过涛声，气流波动，光闪影烁，竹青茶香。仙人隐士之所在。

原规划引山溪至殿前廊下，清池低瀑，更增茶、仙之气。因故未成，但除此，绝大部分是完全按设计建成。

效果图似表现出设计借鉴了美国莱特的著名落水别墅的现代建筑手法，用于中国传统建筑设计之意境。莱特深受东方道与禅的影响，该建筑又取其手法变通，算是有来有往吧。历史仿真中的再创造，何妨博采众家之长？绝不是不伦不类的低级形式拼凑，而是融会贯通的高度精髓表现。

浙江长兴 大唐贡茶院吉祥寺大殿 /电脑效果 2005

仿古设计第一步：文史调研

若一项规划、建筑、园林工程项目涉及传统历史，一般设计公司建筑师会要求业主提供历史文献资料，就算敬业的了。郑光复则会花大量精力查找研究史料，有时并请别人帮忙去做调研。

例如做南京宝庆银楼设计时，不满足业主笼统的“百多年历史”，而是查找到创建于清嘉庆年间，原名叫”南京鸿记浙江方宝庆银楼”，并告诉业主。做四川剑门景区时，对三国的军营、兵器花了番时间，以便在剑门关楼设计中具备各适的型制与兵器布置。做浙江长兴工程时，则请专精文史的朋友一起共同研究相关历史人物的经历，自己去图书馆、档案馆研究当时建筑的可能型制，以弥补史料的欠缺。

查完史料，分类分析，并比较差异，仿佛做科研，典型学者风格。然后才开始做设计。所以他的重要设计项目，在业主眼中往往前期似乎无进展，而一旦开始，则不同凡响。

他设计的传统和历史有关的项目，从不是任意的形式游戏，或以反环境历史文脉为幌子的新潮杂交，也不限于照搬法式和现有“真”古迹，而是具深厚基础的创新仿古。

“我深感电脑很难准确描绘古典建筑，每条曲线找几个圆心还不能到位，众多各式卷宗，尤其琴面，海棠线脚等等微妙，难哉！　　何况有必要从再策划着手，规划、方案设计，到每一张施工图，包括每一节点大样，我必自己动手，以勤补拙也罢，精心负责也罢，全过程亲历亲为。然后请助手用电脑描绘成CAD图，在长兴贡茶院工程中出了两套图，其一是我手绘，并要求施工以我手绘为准，CAD备案，获建设单位赞同，效果也好。”（摘自《中国营造学社建社80周年纪念活动论文集》中的“全过程创新的‘历史仿真’”）

郑光复不仅自己亲手绘制施工图，而且对古建筑结构、构造细节深有研究，与结构工程师、工程队密切合作。当地有问题不擅自改动，总是电话咨询，每二三周派专车将郑光复从南京接去现场察看，当场研究解决问题。

施工单位是浙江著名的古建筑施工单位，对大殿内中心取消一根大柱不认可，郑光复领着工程师和木工专程去扬州鉴真纪念堂测绘结构与构造节点细部。木工按施工图仍不清楚如何制作安装时，郑光复还手把手地指导工人制作和安装的先后程序。完工后各方都认为郑光复真不愧为“老师”，让他们的古建筑知识与能力增加很多，培训了一批设计与施工技术人员。他当年的学生和工程合作者吴希良院长说：“对我来说，与其说合作倒不如说是我步入中年时期的又一次密切学习期。既是对老师在古建筑领域非凡设计才华的新认识，也对我为今后在古建筑与木作、细部设计方面能力的提高奠定了基础。”

应该有把任何手绘的自由线条扫描转换成 CAD 图的方式吧？这样就无须出两套图了。

设计中郑光复对细节与施工的参与程度，就像当年做北京火车站似的，这才是一位有实践经验的建筑师对设计实现的切实保证。

可将郑光复的“南方唐风”吉祥寺大殿立面图与五台山佛光寺东大殿的立面图（下图）进行下比较。

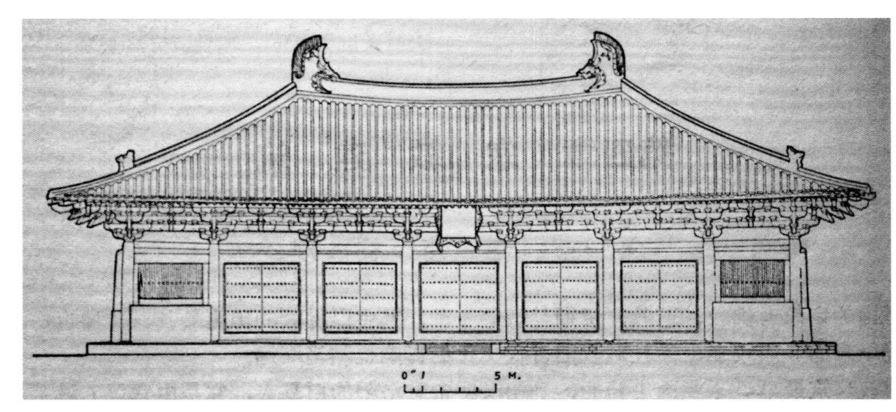

五台山佛光寺东大殿的立面图　（摘自《中国古代建筑史》）

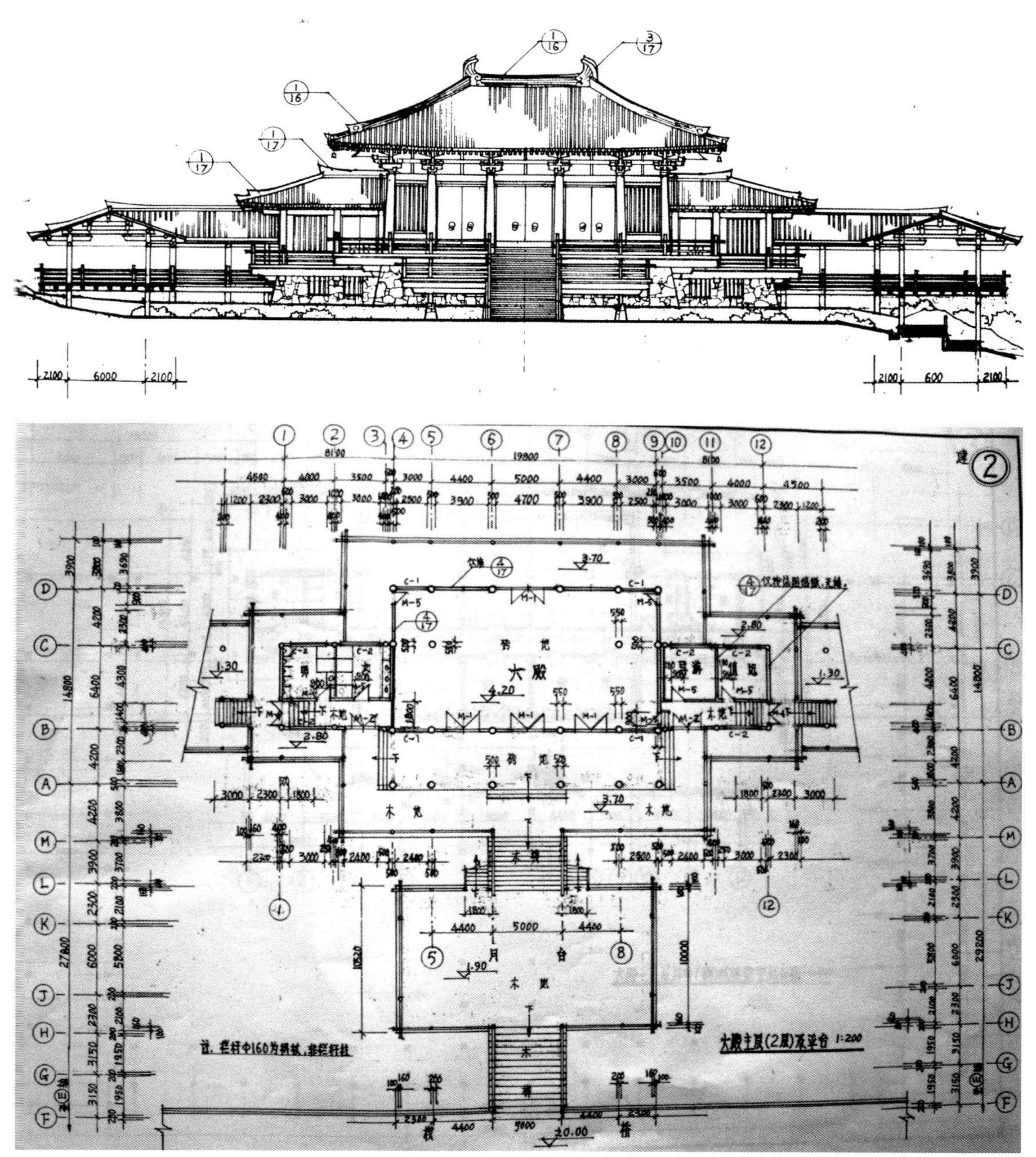

浙江长兴 大唐贡茶院吉祥寺大殿手绘 2005

“参照中唐佛寺格局，但中心主体非塔而为陆羽阁。此阁出檐特大，令人倍感雄健潇洒，结构必须创新。本来此茶院大殿出檐与柱高之比已大于佛光寺，为此加大斗拱，格外雄大深远。而此阁比大殿出檐更大达 4.6 米，转交处斜长大大超过 5 米，只靠加大斗拱已难确保安全。原先大殿斗拱已从大梁拉出挑梁代替斜昂。弘扬南禅寺做法更简洁有力。现在陆羽阁更添三点创新：一是阁顶层上正梁枋，阑额都用上下两圆木组合而成，以免在平面上互相垂直相交处开榫卯，截面损失大又难弥补加固，今改为上下各一 Φ400 或 Φ500 的圆木叠置即省 800 或 1000 多的梁高，比同样梁高的短形截面节省不少。何况整个建筑群所有梁枋阑额全用圆木，以显原始粗犷，自然豪放之野趣。这叠置圆木在两梁枋水平直角相交时，各自上下换位截断组合圆木之一作为卯口，而另一完整不损截面的作用为榫圆木皮质层强度大于髓材，比半开卯口的方料强度大。而且于此直角众榫处，上下各置两根相交成十字的带钢，此钢板 10×100×800 或 1000 位于上下两圆木的两层上皮处，嵌入木材使平，又各以多根 Φ20 螺栓一一拴固使共同工作，即十字钢板加强或全承受圆木梁上皮的水平拉力，且难为人们仰视察觉。创新之二是在 45 度斜出大挑梁的上层圆木中央置工字钢，其下有另一叠置圆木，竣工效果天衣无缝。创新之三是上述 45 度斜出组合梁及明间内井字组合大梁，各在与阑额相交时，抬高一半梁高，即两圆木组合梁的上一根完全高出阑额上皮，自身不开榫卯，也不损阑额截面，仅斜梁与井字梁两圆木叠合的下一根截断，并以带钢夹置在上下两圆木之间，使断木仍然在组合后受力。螺栓孔凹进木塞难见。如此梁枋相交上下错开一半的做法，当然不见经传或谓‘野狐禅’可也。不过在陆羽阁山野工坊这样性格豪放不羁，洒脱出尘，自放安壑的文化内涵，又未尝不‘正经’！”（摘自《中国营造学社建社 80 周年纪念活动论文集》中的“全过程创新的‘历史仿真’”）

他的构造设计基于古典木作法式，但又有创新，虽亲自绘制构造节点详图，浙江著名古建筑施工队仍无把握。鉴于此，郑光复指导木工按比例缩小模型，研究施工程序与工艺，突显其专业才能之深厚广博与设计态度之认真仔细。

郑光复依模型讲解转角梁柱斗拱木作

郑光复在工地现场察看

这样的建筑详图本身就是再创作，而非可借用照抄的模式。仿古建的难度，主要在细部大样上。若不按法式依葫芦画瓢，就需改尺寸，甚至依制创新。

现今不少大建筑师忙着接项目、画总体方案草图，不做施工图，不管详图，可能也不懂。工程不少，但细节欠缺，严重影响质量。当然并不一定是建筑师之责，可能工期太紧无时间，或设计费太低不合算，或业主水平差不采纳……

建筑师的职业道德、设计深度、古建素养、手绘功夫，全表现在这幅手绘建筑详图中。

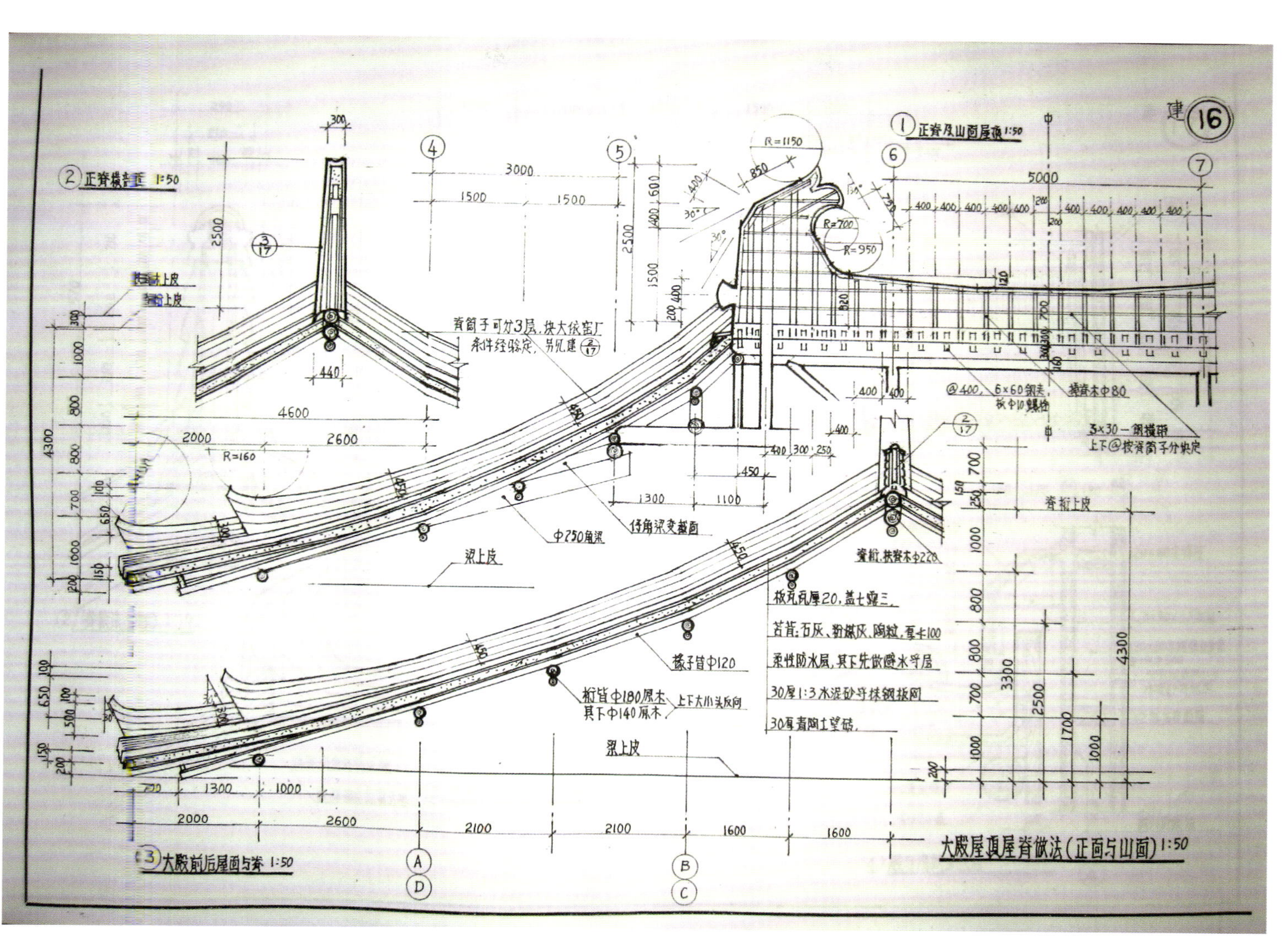

全程自己动手——学术精品

“南方唐风”是北方殿堂唐式样与南方干栏架构式样融合成的创新，贯彻到总体规划、建筑单体、局部细部，甚至构件构造中。别人没见过，就亲自传授，并指导制作木头小样示范，设计从大到小、从外到里贯彻执行，精益求精。设计一做五年，由于事无巨细从头至尾由他一人管控设计，事必躬亲，全程自己动手，品质一贯到底，实现中国现代仿古建筑的开创性精品。但从他个人角度看，封闭微型管理，则耗时费力，一个项目旷时持久，经济回报低，名下成果数量有限。他是当做学术研究的实践，当精品设计与制作。当然，凭其才华能力，他若能配备得力团队，精品应该会只多不少。

国内许多设计是大师、老总绘构思设计草图，资深建筑师助手负责整体设计图，资历浅的年轻人画详图、跑工地。建成后往往各部分设计理念与水平参差不齐。这种宏观管理下的开放式设计，效率高，成果多，多为商业运作为主的设计公司和老总们采用，但有时总建筑师的设计会后期走样，不易质量控制。只有人才整齐默契的团队才能制作出高品质高效率的成品，不容易。

当然也有少数只会画草图的建筑大师、老总，擅长经营，名下作品不少，可找不到什么有真正创意的精品。

对于建筑设计，不少人是做生意，他是做产品，不惜工本求品质。

有点好比个人电脑业的Apple对PC的运作差异，PC开放模式，其中名牌、杂牌、冒牌、无牌都有，品质各异。而Apple封闭体系，阳春白雪，追求完美，虽曾近破产，却创新高质。

郑光复夫妇在大唐贡茶院吉祥寺大殿前

大殿全木结构屋架及装修，清水漆，露本色木纹，但以技术创新保证防腐防火防水等功能与形式。

郑光复的“南方唐风”仿古建筑与梁思成所著《中国古代建筑史》所示中国古建型制比较，或与日本古建比较，其间异司是明显的。

辅厅与侧廊中展示贡茶院的历史典故及作坊制茶过程，起着纪念馆的功能。

非简化、非假冒、非拼凑，仿古建筑要创新可比新建创新难多了。尤其力图在经典上创新，水平稍逊就成狗尾续貂。

艺高人胆大。

浙江长兴 大唐贡茶院吉祥寺大殿与侧廊（建成） 实景 2005

起死回生陆羽阁

建筑师在设计过程中会遇各种困难与变故，尤其与业主或领导意见相左时多半难持己见。若想己见通过，有人靠权势关系，有人靠金钱利诱，不一而足。郑光复靠的是博才、雄辩与真诚，热忱地站在对方的立场分析利弊。当然，对方也是光明磊落之士。

因国内外经济环境影响，长兴县发改委2007年年初就二期工期召开专家会，建议缓建或取消陆羽阁，以节省开支。震惊之余，郑光复超越建筑学角度，而是从经济环境与发展的策划上分析。引经据典，苦口婆心，强调贡茶院对当地文化旅游在全国的定位作用，以及陆羽阁对贡茶院的灵魂点睛作用。两个多小时的发言，得到与会者认同，最终领导决定保留陆羽阁。

领导和业主不唯我独大，尊重知识和建筑师，改变原来决定，难能可贵。

陆羽，唐朝名士，著世界史上第一部茶叶专著《茶经》，被后人尊为“茶圣”，祀为“茶神”，誉为“茶仙”。

“陆羽阁”是整个建筑群的灵魂，总体平、立面布局的重心，型制为阁。底层砖石，二层木栅，顶层空透。尤其四面木阶飞架至二层似半座桥，屋顶飞檐雄大深远，气扬四野。顶层全开放，中立陆羽像。近看翠竹摇曳，远眺茶园漫坡，迎风披雨，闻香品茶。

郑光复“南方唐风”的灵魂体现在“陆羽阁”中——仙风道骨“陆羽阁”。

塔，通常是神、圣的象征，也是隋、唐佛寺的布局经典要素。阁，则是文人名士吟诗赋词的最爱之地。建筑师以阁代塔，显然把其作为陆羽的纪念、象征、代表。在陆羽众多才能与声誉之中，尤择取唐士、茶仙为其精髓。所以，力图建筑具有：

“唐”式样、“士”气势、“茶”功能、“仙”环境。

陆羽就是那唐士茶仙。
陆羽阁就似那唐士茶仙。

浙江长兴 大唐贡茶院陆羽阁 / 电脑效果 2006

建筑学外看建筑

郑光复后期文章及设计除有关建筑及其形式之外，重点探讨建筑同经济的关系、对投资的效益、与环境的作用等等更广义上的策划。换言之，不仅是站在项目的建筑设计师的角度，而是站在项目开发策划人的角度。有时不免被误解、曲解、费解，被评“不专业”，嫌多管闲事。

“不识庐山真面目，只缘身在此中。”

既然是建筑群的灵魂、陆羽的化身，陆羽阁是建筑师“南方唐风”设计理想与才智的集中体现。把设计构想实现，更是真正的挑战。建成的陆羽阁本身，基本实现了设计。

建工程三期之前，也需要临时大门。建筑师并不凑合，对其也有相配的精心设计。

唯一的遗憾是因当初经费不足、阁前场地空间大幅缩减，使观赏体验大受限制。退到门口，没有广角镜几乎还拍不全。

许多建筑设计效果图光彩戏剧化，但建成实物简直面目全非。除故意误导外，施工实施中会有许多变化和困难，可能建筑师施工图水平不高，可能业主干涉改变，可能施工人员技能不够，或可能经费限制设计实施……建筑师需花费很多精力去把纸上的设计变成实际建筑。有很多最终变得面目全非。

建筑师是什么？设计建筑的职业人士。

既然设计为职业，通常职业建筑师的日常工作中，应该有不少时间是花在设计上吧？大错特错！

多少时间是花在设计上呢？猜一猜，问一问，答案可能很意外。

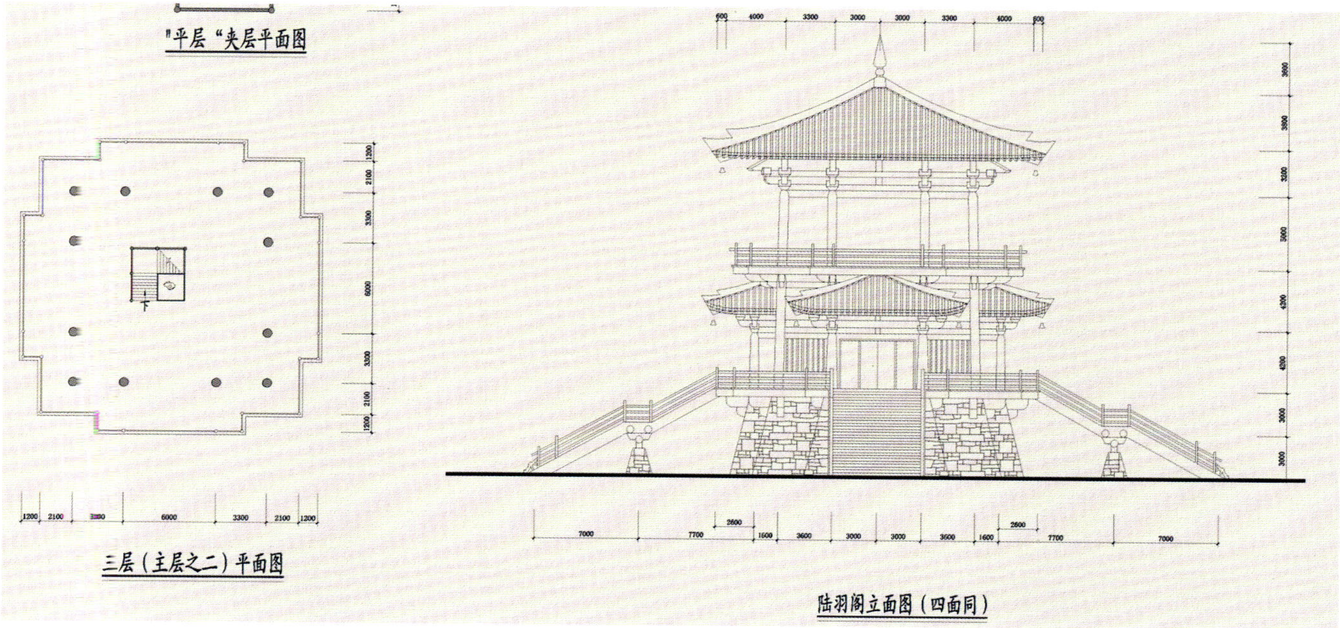

"平层"夹层平面图

三层（主层之二）平面图

陆羽阁立面图（四面同）

浙江长兴 大唐贡茶院陆羽阁（建成）实景 2008

投资保守的代价

因政府财政拨款短缺，二期征地减少，院门退近阁前，三期以后再说。郑光复预见到贡茶院一、二期建成一定引发附近农户的商业建造，询问是否可限制规划中二、三期征地范围内的私人搭建，当地官员据实回答：征地减少，原策划中二、三期用地未征用前，县政府无权限制附近村民的建房经营。2008年二期建成后，果然门前农家乐场所遍布，私人获利。数年后三期征地还得拆迁补贴，费用比当初增几倍。业主虽因故短视，但奉公守法却值得赞扬。

由于业主经费与决策原因，未能遵循郑光复的原有总体策划，结果项目总体上是建筑的成功与投资的失误。以后业主多花几百万元尚不一定能纠正。话说回来，政府投资，效益明显，虽业主未全得益，转而民间得利，未尝不是好事。当然为免乱建，也需规划指导与限制。难道政府投资项目不就应该促进当地发展，民间得利吗？宏观上，这仍算不错的政府投资吧。

三期主要为门前广场、长甬道及两侧商业经营类建筑。群体规划既像门阙、商业街，又是导向陆羽阁的甬道。

郑光复不仅作建筑师，还帮业主策划项目与经营之道，作经济分析师。他喜欢引用联合国大厦的房地产策划例子："捐一块地建联合国大厦反而名利双丰收，是小洛克菲勒与他好友（一说女婿）建筑师哈里逊合作成功的杰出策划。带动其址附近大片房地产猛升，业主只捐出小部分本不值钱又难开发的旧仓库贫民区，变全区为黄金地段。借此一例剖析，建议未来投资策划操作的些许特点。倚重知识，使房地产自我增值，以积极开发变冷地为热产。"（摘自郑光复《建筑的革命》第 20 页）。

他也在数篇文章中论述传统文化在市场经济中的保护与弘扬。古建筑保护不能仅靠门票或政府拨款，而最好能自有生财之道。其实中国很多名胜古迹门外的商家，早已指明典型的经营模式。与其别人乱建瞎赚，不如事先某种程度上统一规划设计，自己经营，在经济上达成自我支持。在此，建筑设计不能局限于此，要扩展到环境规划，更要升高到经济策划。

欧洲旧城的狭窄街道尽头，豁然开朗，教堂钟塔高耸，令情绪升华。三期工程能达到原设计的类似空间变化效果么？艺术家搞艺术，重自我。建筑师搞建筑，重业主。规划师搞规划，重环境。经济师搞经济，重民生。

郑光复的眼界、学问和责任心，早超越了艺术家或建筑师职业本身。对他，建筑设计不是玩个游戏，自我试验，做完一走了之，只有现在。而是生养生命：建筑的生命、环境的生命、人的生命，要长远考虑，还有未来。回顾他多年前"建筑不是艺术"的论点，表明他的眼界早已不仅仅限于艺术或建筑本身了。

浙江长兴 大唐贡茶院三期 / 电脑效果 2005

外向型的实干家

他不是那种关在书斋中独自钻研的学究型学者，而是交友广泛、社会活动能力强、而且脚踏实地的活动家，只是不屑争权夺利的官场权术，所以多半是那个干实事、而别人得名利的人。

他的大学同学，东南大学邓思玲教授回忆：
大约1970年代后期，建筑系在设计教学上强调学生实践知识和动手能力，所以在设计中希望安排一个真实的设计项目，要求任课教师联系真工程。郑光复工作积极，平时又善于与外界联系，接触面广，所以很快就争取到合适的多层点式住宅工程项目为课程所用——典型住宅工程设计。

经历设计全过程，最后设计图要付诸实施建造，对学生来说必须认真仔细，对教师的指导在某些方面也比纯方案设计烦琐严格。指导二、三年级做这样真实的设计，教师必须付出更多额外时间和精力去指导、检查、校核，以保证教学与工程质量。最终设计付诸实现，师生们颇有成就感，也是学生难得的经历，建筑系的教学计划也得以顺利进行，由此也可见郑光复教学积极认真和扎实负责的精神。

他在建筑学界朋友多、人脉广，为人热心，性格外向，加上建筑理论与实践见解独特，博识广闻，长年受多方邀约讲学、评审、投稿。甚至退休后也从未有闲暇，日程总是满档，他当做会友助人的机会，结果自己的研究出版计划拖延多时。晚年总算学会对他人的请求说“不”，方给自己一些喘息机会。

在厦门的一项评审会，光复（右二）和光中（左三）兄弟俩难得同为评委而相聚

贡茶院周围顾渚山坡上有大片茶园，其中一片茶园拟建纪念亭。

无论亭或阁，仍采用唐朝殿堂标准样式，突出时代与皇家的特性。水彩炭笔建筑表现图色彩对比鲜明，线条确定流畅，光影分明通透，细节工整清晰。虽表现三维立体的建筑与环境，却采用两维平面染色工笔线描，很强的宫廷装饰画效果。

以前上写生课时取景，喜欢张开拇指与食指，双手伸前形成框，取景框。不妨也举个手框在画上各处横竖移动，看到几幅美景？

浙江长兴 贡茶园金沙泉纪念亭 /炭笔水彩 2005

创新的仿古

中国到处时兴假古迹，作为建筑师，只能尽力而为。如果无史无迹，凭空新建“古迹”，创新地仿古，倒是全新的挑战，也是郑光复古建筑专长与创新追求的稀有展示机会。尤其大唐贡茶院的合作经历，业主完全信任尊重并授权建筑师，是其职业生涯的绝佳工作环境。这是他一生中为数不多的“自由创造”。大师之作，经典之作。

下面文字摘自郑光复“全过程创新的‘历史仿真’”（收录于《中国营造学社建社80周年纪念活动论文集》2009.07）。
“是重现历史光辉？ 或玷污历史？ 值得讨论。我们要有敬重先人、尊重历史、热爱中国文化之心，严肃而精心地设计精品。为此需要设计者全面全过程全心投入。这全面有三：一是古今兼顾，二是建筑与结构工种相容，三是综合建筑诸要素。这全过程是从再策划、规划、方案到施工图，由巨入细，亲思亲为。即使规模大、时间紧，也应由主创者全部设计主要单体，并控制其他单体质量，负责整体品位。此即心脑手合一，融考证研究与创新复古为一，尽可能逼近古代原状，这可称为‘历史仿真’。这‘心’是态度、感情，这‘脑’是理性与科学，这‘手’是心脑活动的外化，是三者互动而具体化的灵迹，而不是单纯的‘工具’。此心脑手合一的作用，不可能由电脑代替，则全过程设计之必要可知。

全过程自己动手
几千年沧桑巨变，地面古迹寥寥，再经‘文革’大破坏，现在弥补，全国繁荣‘古迹重建’，其中不乏精品，而更多的是粗制滥造，玷污当地和历史。粗制滥造原因有三：一是地方官员或建设单位违背科学发展观，不尊重历史；二是建设单位乱作为；三是设计者草率，或欠素养，目前名家高手重在取得项目，而转手他人设计。或只领衔制作方案，从来不做施工图，也许未曾尝过施工图滋味，轻视施工图者‘夥矣’！现在很多‘重建’项目已荡然无存，地下文物匮乏或上代出土，往往只有那块地才是真正遗迹，在这类文化现实条件下，要以爱心认真负责设计‘历史仿真’。能不自己从再策划开始，全过程心脑手共融，边考证，边研究，边设计，边创新，弥补历史空白么？……

技术创新之根
创新之根，在‘历史仿真’中，要扎到历史渊源与沿革，扎到那人那事那时空的深处。
大唐贡茶院的技术创新是整体创新复古的一部分，而且是从属性部分。其总体创新复古始于对它的历史与文化特征及丰厚内涵的认识与热爱，而认识与热爱从考证研究得来。该茶院始于唐大历五年（是年杜甫亡），而算有些许皇家气派，却非寺非宫非苑。又位于山林幽谷，具粗犷野趣。其文化特色应有江南、浙北、太湖风情。故合河姆渡文化之干栏以及良渚文化之台式两渊源。创自己特色，而不以五台山佛光寺为范例，也不追随扬州鉴真纪念堂……

创新复古渗透细节
于细节中见精神、显特征、上品位。此创新达到‘历史仿真’的量大于整体性，结构性的创新，是设计工作中经常必须解决的难题，值得倾心以赴。在贡茶院及陈故宫两项目中，最简单的是栏杆，参考汉明器与敦煌壁画之类， 选其简洁者。难点在转角柱头……
从总体到细微为‘历史仿真’而创新，实在无边无涯。而这创新的动力，确实在于对中国建筑传统文化的热爱，丰厚的积淀及食古而化，灵活应用、推陈出新的能力以及建筑师的专业素养与技巧。”

此文详细描述了郑光复在设计大唐贡茶院和陈武帝故居中的设计思想和细部设计考虑，研究仿古建筑者应仔细读。

借古之名，以古为用，创新之思，立新之“古”。

贡茶院另一片茶园旁水池边，拟设水榭茶轩供游客歇息品茶。此处则重乡野自然情趣，江浙干栏传统民居风格，强调地域与山茶的特点。

同样也是水彩炭笔画，这里则是较协调的青绿色调，随意隐现的线条，模糊明灭的光影，自然随意的细部，文人山水画的作风。

与前页比较虽完全不同，但各自都是建筑项目、设计风格、表现方式的完整贯彻，相得益彰。

郑光复不仅追求建筑设计的创新，也追求艺术表现的多样。数一数到这页已有多少种不同的绘画表现方式？后面还有呢。

浙江长兴 贡茶园野茶轩 /炭笔水彩 2005

设计以“南方唐风”为本，形体集中成大块头，二层四面的盔形弧线屋顶，显得雍容大肚，打错字，大度。

有创意的建筑师能以巧妙的改动，让貌似寻常的事物变得独特有个性。那曲线略突的形体和出檐，看起来有些“胖”，或好听点，“壮”，倒确给人唐人的印象。

浙江长兴 顾渚山茶园清风阁 / 炭笔水彩 2005

老顽童

几岁的小孙女喜欢看动画片，特别是《汤姆猫与杰瑞鼠》中调皮捣蛋的故事。郑光复也兴高采烈地一起看，一起哈哈笑。说自己小时候也爱看，还有迪斯尼动画片。用纸板做了个两层的小房子模型，屋顶掀开，两人商议着放什么小人偶或玩具在里面。一小顽童，一老顽童。

回国后，小孙女画了幅小房子画寄爷爷，请爷爷再做一个小房子。爷爷还真地认真做了个小房子模型，有门窗、阳台、红瓦绿草，还有小床、餐桌椅，还画上床单、餐盘等细节（见下图），小孙女至今视其为至宝。郑光复之子也念念不忘小时候父亲精心制作的大客轮纸模型，桅杆、烟囱、救生艇、船锚等仍历历在目。

郑光复为孙女做的玩具房子

郑光复抱孙女看气球

顾渚山大唐贡茶院作为新景点吸引了不少游客，有人也去访茶园，爬顾渚山。业主拟在山顶建楼、点景，供休闲，小卖。

设计为多层干栏式空透的楼阁，显示出乡野自然的空灵气质。如此貌似传统乡土干栏式阁楼，却绝对在他处找不到第二栋相雷同。除风格外的与众不同，立面也变化丰富，一反通常对称庞大的楼阁雄踞之势。平面一分为四，每四分之一楼面升四分之一层高，盘旋而上。完全把西方现代建筑大师的著名建筑布局手法用在中国传统建筑设计上，真是古今中外融会贯通的精巧设计。这是他典型的有章有规可循却又不拘一格创新的手法。

怪不得设计粗看似曾相识但不知所来，却别出心裁、独树一帜。没有专业训练的眼睛是难察其设计奥妙与渊源的。

女士们多爱看时装杂志，也许多数人看品牌。若是设计师，留心过前卫时装设计师是如何变异旗袍的吗？比如无袖、无肩、高衩、超短、露背、露腰等西方现代裁剪式样，但仍明显的旗袍元素和印象。此楼阁设计也是采用这种以西方当代经典形式表现中国主题精髓的手法。

浙江长兴 顾渚峰顶见远楼 /电脑效果 2008

古代风铎的轻吟

英语谚语“魔鬼在细节中”说的是不论你做什么，必须仔细考虑到所有的细节，否则就会出麻烦，影响全局。人们都熟悉现代的圆形钉子和钉帽，包括一些庙堂大门上排列的圆钉帽装饰。这多半是机器或半机械加工制作的产物。而在古代手工的时代，很多却是方形钉。

郑光复给友人的信里谈到长兴贡茶院设计中，“如何既严肃忠实于历史与乡土特征，又不能不有所创新以解决没有可仿的细节之类。例如所有可见处的钉子，全用仿古的手工锻打的古式钉。仅此一细节，我便设计了五种不同用途的手工钉和门窗钉与其帽。”

贡茶院的门钉把手

陈故宫的风铎

风铎，又叫风铃，常挂在寺庙楼阁檐角，惊雀驱邪，动听悦目。隋唐甚至更早的风铎什么样子，颇难考据。

“风铎的小小研究却意外费心。有鉴于现在重建仿古殿堂，无风铎，新建塔有铎而不鸣，失去中国古建文化中一项天籁乐音之美。贡茶院在立面图上画了，却未装置。这次借天居寺塔之机，专设计一只青铜风铎。加大受风扇面，铎壁不开钉孔……锤与铎的连接需有‘万向轴’的功能。盼能塔殿悬而成功，再补悬到贡茶院。此设计刚出图，我又想到另一个构造更简单的风铎设计。（摘自郑光复“全过程创新的‘历史仿真’”）

此外，栏杆柱头、横栏出头、石灯笼、宝顶等等细节，仿古又别致。他设计的浙江长兴的建筑，都是充满独特细节的精品。

史上不乏建筑师不仅既设计建筑，还设计家具、摆设等工业与日常用品。若一栋建筑物或建筑群体有丰富的此类独特设计，就该精选做成此处独一无二的用品和“纪念”品售卖，远强于许多旅游点纪念品部售卖到处有的物品。郑光复设计的古式风铃，就是一种日常摆设，独一无二的“纪念”品。欧美人家也常爱在门廊檐角挂上小风铃。

如果陈故宫的纪念品部有售缩小版的风铎，希望有机会买两只，回家挂上，让它们轻吟那久远的故事。

中国南北朝时期南陈开国皇帝陈霸先，生于浙江长兴。据说出身村官，恭俭勤劳，史上算贤明君王。当地要在陈朝遗址重建陈武帝陈霸先故居与史载的陈宣帝时“舍宅为寺”建的佛寺天居寺。以小县城而有“故宫”本属凤毛麟角，何况其内涵远胜汉、明两朝开国皇帝的故居，可为出色的旅游名胜和广告宣传。“这类重建又有必要创新，既为弥补古建筑形象模糊与历史文献的不足，也为造就古文化新名胜。”

用地狭长且不大，一片水乡平原，无山无林紧靠大路，几无自然风景可借，倘建筑无震撼力，无醉人魅，如何引来人气？全靠建筑群体本身来做出“故宫”的龙气。以小胜大，以少胜多，以较少资金达到较高目标。

总体设计两部分：主轴线为佛寺天居寺，次轴线为陈霸先故居。陈朝仅在隋唐之前二三十年，设计的构思基调就以南朝佛寺布局，类似隋唐之型制仿之，并融入江浙民居元素。特定的“那人那事那时空”定位。分开的佛寺与民居则自然地各自表现自己的典型样式——殿堂样式与民居式样。建筑群体也分别是典型的南朝、隋朝寺庙布局和江浙民居格局。

当然，水和绿化是生命的源泉，也是郑光复心目中南方风景建筑的灵魂，必不可少。

人穷时比钱，有钱后比名，有名了比祖先：我爷爷是……当然没钱、没权、没名、又没才，仍可以像孔乙己，称孔圣人××代之后人。人尚如此，城市亦然。都不能免俗，哈哈。

相比大唐贡茶院的殿堂式样与民居式样合二为一后的“南方唐风”，此工程设计“分而治之”后的创新难度小一些，但可各自表现得更鲜明。

浙江长兴 陈故宫重建方案鸟瞰图（建成）/电脑效果 2008

认真，“是，或不是？这是个问题”

郑光复平时随和不拘小节，但一旦涉及工作，他自己做学问、做设计都非常严谨认真，追求完美，注意细节，“魔鬼在细节中”。对学生、同事、同行、工作相关人员往往也要求认真负责，但并非人人如此呵。

通常对人因马虎或无心的过错，他会热心帮忙纠错，但对人明知故犯，或在原则问题上，他很认真，坚持己见，甚至发脾气，但就事论事，不背后搞小动作。

他时常有独特见解，提出争议观点，大家辩论，本是正常。但有人喜欢用“文革”文风上纲上线，无中生有地离题进行人身攻击。对此他会愤愤不平，迎头反击。还得朋友劝解，不必太认真。

他喜怒哀乐溢于言表，直率坦言。有人喜欢耍小聪明钻空子，有时不严格按规矩行事。有人利用他的真诚做欺骗，让他吃过不少哑巴亏。固他对别人有时过于认真，或带负面的词——较真，眼里容不得沙子，不留情面，得罪人。 20世纪90年代初，有建筑设计院考虑自身水平不够，托郑光复学生让他代做设计方案参加工程投标，结果顺利中标。后来他发现设计院以此方案做宣传时，加设计院为合作者，认为是不劳而获的欺骗，甚为恼怒，当面指摘。设计院原意是作为委托者且承办施工图设计，加上自己做宣传扩大影响，业内常有，并无占方案原创设计为己有之意。原本是沟通误解，变成欺骗。他的学生夹在老师和领导之间，相当尴尬，只得好言相劝，怪己事先未能讲清楚，两边受气。他若处理圆通，可以通过进一步沟通消除误解。结果因此得罪人。

对认真，借用《哈姆莱特》的名句：“是，或不是？这是个问题”。

据史载，天居寺为陈朝皇帝舍宫室而为寺，应有宫殿之式。所以天居寺强势的长中轴线与高塔为主，并以水、树夹道，以符合陈、隋之际式样的石灯、石狮、石鼎等搭配，形成雄壮之势。

典型南朝、隋朝佛寺“浮图寺”布局：山门、前庭、中间高塔、后庭、金堂、讲堂、辅楼围廊、后门。有《中国古代建筑史》中五台山佛光寺的样式，但基础干栏架空，门口阶梯似半桥，梁柱墙更通透，斗拱更雄大，出檐更深远。

南朝夹在汉唐之间近唐朝，虽仿隋唐，但是也有汉风，“重建”南陈的建筑。东晋南朝士大夫之潇洒不拘、飘逸飞扬的风范，体现在此。

有些像五台山佛光寺东大殿，又有些像日本古寺庙，但相比较又明显不同，更非影城粗制滥造的仿唐楼台可比，郑光复依古创新的陈、隋朝“仿古”建筑是也!

日本奈良时期多次派遣唐使到中国。扬州著名高僧鉴真几番周折，东渡日本，所以当时日本的文化、建筑、佛寺几乎是唐朝的翻版，且保留至今。反而此后中国文化、建筑、风俗变化巨大，唐朝建筑仅留一二于五台山。非汉族的几百年统治甚至在学术上有明末“崖山之后无中国”之说。所以若觉得这群建筑有些像日本风格，那就是像中国隋唐朝风格了。其实与其说有点像东洋，不如说更不像印象里的中国、元明清的中国。谁也没见过南朝、隋朝的古建筑，不熟倒成了新。并非无中生有的畅想式创造，郑光复深入考古研究后推理并“推陈出新”，罕见而谓新。

浙江长兴 陈故宫重建方案山门 /电脑效果 2008

浙江长兴 陈故宫天居寺塔 / 电脑效果，(建成) 实景 2011

笑声磁场笑声波

郑光复爱笑，很大声、很畅快、很无羁的笑。自己说笑话，听别人开心，或读到的幽默，都会哈哈大笑，情绪往往也感染到别人，一起笑。

他热情豁达，幽默风趣，笑声爽朗，见多识广，能言善谈，平易近人，富有感染力与凝聚力。 他个子不高，人群中未见其人，

先闻其声。以前有次过街，就见一骑车女孩左右摇摆，很紧张地叫：别动。他于是站定以便她绕过，却被径直撞上。女孩赶紧连声道歉，他笑道：怪不得让我别动，你是在练骑车瞄准吧。

他重病开刀后老友也重病，康复后相见互问长短。老友说：好险，刚从鬼门关回来。他笑说：我去过六趟，前不久刚去过，怎么没见到你呀？不过发现还是这儿见比较好。

平常吃饭聊天时，他最喜欢与年轻人或服务员以幽默的方式交谈和开玩笑，使大家哄堂大笑。亲朋们从未见他对餐馆服务员大声或训斥。有次因故朋友对服务员态度差一点，他就笑说：我儿子在美国也在餐馆打过工，幸亏那时你不是他的顾客。众皆大笑，朋友也领悟了。

“每次见到他，都感到十分亲切。他那盎然的笑声，依然那么有感染力！ 记得1997年秋天随胡正凡教授赴昆明开民居会，报到后见有一群人在宾馆前聊天，就听见其中一人朗声笑谈，胡先生就说：听笑声应该是郑光复先生到了！近前一看，果然是他。”华中理工大学李晓峰教授回忆道。

他的开朗幽默、博学健谈，在稳健含蓄的中国文化和社会中，尤其是东南大学建筑系中，相当特殊。平时大家都喜欢与他聊天。开会枯燥或冷场时，会看他是否没来：有郑光复在，大家就轻松了！

他的笑声和幽默，形成快乐的笑声磁场，吸引人们。形成快乐的笑声波场，传感周围，谁都喜爱带来欢笑的人。

殿堂楼亭廊，都配以飞檐、挑栏、空架、白墙、青瓦、红柱。但绝无雕梁画栋花窗彩画等世俗之气。

蓝天之下、清波之上、绿树之间，不是佛界禅境么？ 噢，那南陈朝代尚未有禅，也无“唐僧”，大意大意，无心之过，佛界还是有，算不上瞎评吧。

似古非古，似型非型，唐式南样，南方唐风。

浙江长兴 陈故宫天居寺殿堂 /电脑效果 2003

感染力强而雄辩的口才

他知识渊博、条理清晰，且观点鲜明、论据扎实，再加上热情开朗、幽默风趣，讲话很有感染力和说服力，口才突出。

——在北京火车站竣工时，是他与视察的国家主席汇报交谈。
——在做南京长江大桥桥头堡设计时，是他代表设计组向中央政府汇报，最终本校方案中选。
——在初次宣讲其“建筑是美学的‘误区’”论文时，引起中国建筑学会建筑创作委员会不少同人的强烈反响与质疑。他当场力辩众人，有根有据。
——在浙江长兴的大唐贡茶院仿古建筑设计中，引经据典，说服业主保留已内定取消的陆羽阁。

他的不少同行、学生对他的第一印象，就是他的出众口才。

“老南工建筑系的毕业生，
普遍只擅长笔头绘画而不善于口头表达，
这是和杨廷宝、刘敦桢、童寯等老先生一脉相传的。
但是郑先生可以说是一特例，
他除了具有深厚的设计功底与手法以外，
还具有能写善辩的文笔和口才。
对我们刚刚踏入南工建筑系之门的学子来说，
他任教学组长的＜建筑设计初步＞课程，
给我们以极大的兴趣和深刻的影响。”
老南工学生在11631班博客上回忆说。

除教授外他无任何官职头衔，也不弄权术或贿赂，全凭其专业技能、声誉和口才获得项目。

在西方能言善辩之人具绝大优势，在以公开选举运作方式为主的政商学各界，因可影响公众，被认为具领袖气质，最终可以凭此当选高官高管，甚至总统。

然而像他这样高调、直率、幽默、雄辩的口才，在稳健含蓄的传统中国文化和社会中，却可能成为缺点。传统的中国人讲究中庸内敛，宁可私下协调暗中运作。他在明处，别人在暗处，劣势可见。

缺点?

建成的实景照片，一目了然。

有机会，还是去看实物吧，百闻不如一见嘛。

位置如下，可由杭宁高速去。导航搜寻一下，不难找。
——浙江省湖州市长兴县水口乡顾渚村，大唐贡茶院。
——浙江省湖州市长兴县县城内，陈武帝故宫。

大唐贡茶院和陈武帝故宫，都是“创新仿古”的建筑经典。

地图中 A 是浙江省湖州市长兴县的位置

浙江长兴 陈故宫天居寺金堂（建成）/实景 2011

给一只温暖的手

他手不大，手指相对短，手掌大而厚实，柔软温暖。孩子们小的时候，他用温暖的手拥抱他们，呵护他们，搀扶他们。他们相信，冬天手冰冷时，那双温暖的手一定会伸来，焐暖他们。

他不仅伸手给自己孩子，也给予他人。郑光复身为长子，幼年受父母精心训导。后来父母有难，长兄为父，关照弟妹。他妹妹光夏回忆：

“大哥是家族的一家之长，随时都想着维护着众亲人。我的人生道路每步都浸着大哥慈父般的心血及疼爱。几十年人生坎坷，艰难跋涉中，幸得有哥哥的帮助、关爱、引导。他给我的信最多，尤其在国难、家难、多种关键时期，长信深谈，世事、人事、家事，人生观、世界观、人生哲理，引导我成长、成熟。我的每一步都离不开哥哥的教诲、引导及影响。”

他一生充满爱心，常助人为乐。对亲朋好友之托总是热心尽力相助，他有时做自己“吃亏”的事，不为将来回报，而是责任心和同情心驱使。同事朋友之助，却加倍回报。

有时做工程设计不求自己受益，却让业主免费安排学生实习，帮助建筑系的教学，各方受益，唯自己无偿辛苦却也欣然。

以前很难获取学校的科研经费，自己做工程收的设计费用不能放腰包，就可以自己支配用于差旅和购买书籍等。有系里员工生活较困难，无钱探亲，郑光复主动让其报销车旅费，自己出差坐硬座，住便宜旅馆以节省自己辛苦挣来的科研费。

曾替南方某地做设计，业主委托方以时间紧催赶，又以程序借口拖延付费，结果设计方案到手后从此消失，装聋作哑。据说还有业主高调承诺优惠设计费，安排外地设计人员来住旅馆后，让其现场赶设计方案。在设计完成交图前晚偷走图纸，然后以设计方未按期交图赖账，且故作高姿态已付旅馆费到当天，谁想逗留争执，自费以后住宿。设计方分文未得，还得自掏腰包回程。鉴于种种恶例在先，郑光复后来做设计按合同按期收费，否则不再继续。表面上计较工程费用，其实是痛恨欺骗，做好预防措施。上当太多次，不得不防。不为自己，也得付费给助手、同事，不能让人替你白干吃亏吧。原本是经验教训后的正常之举，有时被认为不通融。当然，有时工程设计因故收费少，宁可自己吃亏，也不亏同事助手，甚至多给以示感谢或助人。

家里人笑他没几个钱，还慷慨，不改“大少爷”作风。其实熟识的人都知道他对自己是十分节俭的。

关爱和慷慨，不在于金钱多少，而在于爱心多少。　有时需要的，是递给的一只温暖的手，那后面的一双关爱的眼睛，和火热的心。

陈霸先故居，就是陈武帝尚为平民百姓时居住的民宅，自然是江浙民居风格。既然无实物留存，那就依史寻迹，是再创造的仿古民居。汉唐古建筑与江浙干栏民居是主要的设计构思源泉。郑光复多年古建筑、传统民居以及园林建筑的研究和经验积淀，为创新提供了坚实基础和腾飞平台。

无起翘的屋面，叠合交错而非转折的屋角，架空的干栏房基，露明本色的木柱梁架，白墙直木栅窗，悬空大阶梯，尤其门廊上弓形出檐，完全自成一格。这样的仿古民居，国内找不到类似风格。

当然，哪怕借仿古之名，施创新之实，也就意味着不会有前例。自然，创制并非凭空捏造，有借鉴改进。

浙江长兴 陈故宫重建方案故居大门 /电脑效果 2008

建筑师的梦想家园

世上有很多建筑师把自己的建筑理念和梦想，表现在为自己设计和建造的家上，其中不乏经典。郑光复作为建筑师，也有梦想的家园。

2006年在给他妹妹的信中写道：
“我想了很多年，何时有条件，我建造一个院子，能亲人们一起晨夕相聚，一起种瓜、种花，一如童年、少年……和儿女们上学在家的日子，人生不可能回放，而梦却可以做。我在目前的工作中，经常看看有没有机会建造那么个小院。小院也好，或者一幢可聚的房和花园。现在我没园，又不时出门，家里真花草很少，却爱花，假的也罢，多少是一个回声——从遥远的故乡，又是一种海风，来自重洋和北方。写信在这时代，多么奇怪，多么老派，然而多么隽永，我盼它久久地留着。

正委托我做的那个贫困县新区的详细规划与步行街设计，我想叫它竹溪路。街中央一条从梯田流下改成的山溪，店间隔三差五的一簇毛竹，还有两三枝桃花。那之间，或那清清小江旁，我有个梦想的房，要有自己的花园，哪怕小小，但花一定多多。也许，在离这儿近些的地方。”

惊讶，他的梦想家园没有提建筑，而是“园”，园中很多花草、竹子。呵，那是他童年少年时的果园、田园、家园。做了一辈子建筑，心中却只梦想那绿化，那庭园。那是大家嬉闹玩耍的场所。当然，还有那群孩子，既使他们已变成老头、老太。那才是他梦想的“家”和“园”。

是呀，建筑师的最终梦想不在于建筑。无论设计什么建筑或规划，他都没忘记设法留出活动空间，配上绿化，因为那才是他的最终建筑理想。可惜多半也只是想象和梦想。

马丁·路得·金有一个“梦”：人的平等；约翰·列侬有一个“想象”：世界的和平；郑光复也有个“想”和“梦”，虽然似乎渺小一点，家园的……绿化。世上谁不梦想这样的有自然绿化的家园呢？其实，也真是个普世而伟大的梦想！

江浙院落围绕一池水塘，尚有先例，但像故居院落这样水池伸廷至屋舍之下，中间大厅堂凌空架于水上，开敞却非亭榭，就不寻常了，因陈霸先出身渔民，特意扩大水池成鱼池，居家仿佛有船上之感。

坚实的地面和墙围，使人感觉安全、安心、安逸，这是人们对家的理想。

架空的地板和围栏，意味着主要生活在自然之中，风吹雨飘、鸟鸣蛙噪，逍遥畅想。

这不寻常的主厅舍，隐喻故居主人不安分而开阔的心，早已不拘于一室，游荡出院墙，闯荡世界。然后有一天，金戈铁马，南征北战，征服半个中国，开创一个王朝。

好像风水地理中也无此水上架厅的设置，不过南陈时也不兴现时的风水，何况“故居”主人成开国皇帝，龙气够旺，也就不拘小节。

郑光复出生在重庆的山坡果园，儿时住在江河岸边。对山水自然和花木鱼鸟的热爱，反映在各种设计与画作中。这样的居所和厅舍，也是他的梦之宅呢。

浙江长兴 陈故宫重建方案陈故居中心厅堂 /电脑效果 2008

史载本为茅草渔家民居，现若用茅草顶不耐久，维护起来麻烦而且贵，所以大部分屋顶改江浙常见的小青瓦。仅于后院中心置一茅草或笠叶顶的亭子，以做纪念。草亭尽量原生态，粗加工且不平直的柱梁，茅草屋顶，暗示陈霸先的卑微出身。

想象一下很怪异：凭空为古人造房设园，然后告诉游客为“故居”，有好事者可能考证风水、样式一番，再杜撰些奇闻典故，“古迹”名胜景点又诞生一处。收钱的高兴，付钱的也开心。欺人自欺，大家糊弄。

作为建筑师，不管，也管不了这些。尽心尽力，创作设计。

初看像日本奈良法隆寺五重塔和日本京都醍醐寺五重塔，但天居寺塔体飞檐无明显的自下而上的收分。每层平座栏杆由斗拱出挑，像山西应县辽代木塔的出挑平座。塔身梁柱飞架空透，底层飞檐下两层楼阁，桥状大阶梯飞上二层平台，不似各地重建名楼阁那样宽大霸气。但具昂扬崇高、挺拔飘逸飞扬之势，尚无它例。当然，也是利用当今材料、结构、技术获取的优势。

利用现有池塘和旁边小河引水入院，形成两侧长水池及一排石灯笼，无论白天夜晚，都强烈引导向前，至塔上、天上。其他石经幢、石阙门、石狮，全经深入考古、研究斟酌，为陈、隋之际所应有样式，亦为宫殿应有或宜有小品。由于它们在唐朝及其后不再用，或样式改变，或用途不同，在此就显得很独特、新颖。这些小品虽小，却可以对比而反衬建筑之大，作用不小。

前庭院这窄长对称的布局，引导至高耸的塔，向前向上，与天主教大教堂内空间有异曲同工之妙，只是空间虚实正相反。

若有台风，五重塔会像风筝那样飞翔上天吗？当然不会，钢与水泥的筋骨。但要的就是那感觉与体验。

塔看起来确很飘逸飞扬，“新创”的南朝“古建筑”，有胆、有识、有味、有趣。

日本奈良法隆寺五重塔

（采自 yunphoto.net）

京都醍醐寺五重塔
（采自 kaorun2480.blog.so-net.ne.jp）

浙江长兴 陈故宫重建方案故居草亭 /电脑效果 2008

抒情论文

郑光复的文章在建筑学界相当著名，涉题广阔、见解独特、旁征博引、思绪跳跃、文辞绚丽、语气激昂。他的老同学、同事、学生、读者，都有深刻印象。

“视角新颖，思路跳跃灵动，文章洋溢着一种奇诡而又不可抑制的生气，有的文章甚至很有意识流和朦胧诗的意味。我不止一次和对他的文风比较熟悉的朋友谈起，都觉得看他的文章，绝对想不到作者是一位已经年过古稀的老人，而会错以为是一位‘愤青’、‘新锐’。但细读之下，又可看出文章中蕴涵的信息很大，厚重沉潜且屡有奇解，所以有不少人说他是个‘怪才’。”（摘自老同学、东南大学程泰宁院士的“悼光复”《建筑师》2010.02）

“思想开阔，见解独特，文风犀利，富于批判精神。”
同事，东南大学建筑学院王建国院长评价。

“文章常常是笔锋犀利，感情洋溢，我称之为‘抒情论文’，对我有感染力，更具启发性。”（摘自老同事、华中理工大学张良皋教授的“悼郑光复”《新建筑》2010.01）

“郑先生的文字功力深厚，常常旁征博引，纵贯古今，既有哲人之审慎思辨，又有诗人之豪迈比兴。初读他的文章往往有天马行空之感，觉得好难跟踪他的思路。但当你细细读完，往往觉得余兴未了……强烈感受到郑先生的真切和率性，以及渗于字里行间的一个建筑教育家的良知和责任。”（摘自学生、华中理工大学李晓峰教授的“天堂里的笑声——忆郑光复先生”《新建筑》2010.01）

他从不写空洞无新意的文章，以应付考评要求。他的学术文章观点独特，论述鲜明，论据扎实，文采飞扬，文如其人。在遣词造句上很精炼，反复推敲，当文学作品写。以他所说：“长篇大论是浪费别人的生命。”力求论、文皆有可读性，自成风格。业内读者不少读文章从文风就可知作者，有时因文字简练华丽，不熟悉其文风的读者读一遍可能抓不住其思路。

也有负面评价，认为观点激进，文风像“打了鸡血”，甚至有读者写信给报刊编辑部要求作者改文风，大概看惯了平铺直叙的正宗“学术”论文，无法接受“抒情”论文吧。

是的，他写的不仅是“客观”学术论文，也是“主观”的有情感有文采的学术论文。

不习惯？这样吧，让刊物弄个标准格式，也不必考虑文风文体，让作者填表格，论题、论点、反论、论据、案例等等，一目了然，多省事。只是不知作者有无兴趣填八股文，读者有无兴趣读表格。其实也不是嘲讽，从资料收集整理检索的角度看，格式化蛮有优势的噢，尤其是在现在信息化时代。编辑部应要求作者除文章外另填表格，或编辑填表格，一同刊载，并输入数据库。不同读者各取所需，两全其美。

本书中多处引用摘录他的文字，窥一斑可知全豹。

唐朝陆羽曾在湖州住过，当地打算用陆羽茶圣之名，把太湖边的小公园改建成茶圣园，供茶友们聚会品茶。其中专为逝去一千多年的人新造“故居”。

设计引太湖水入园成水池，厅堂亭廊曲折环绕，典型的江南园林布局。

陆羽故居位于图中左下角，以车道与茶圣园分开。

这故居的“故”字是“旧”还是“死”的意思？

中国人祭祀先人时烧纸钱，据说还有人用纸扎电视、汽车、美女，当然还有房子，烧给先人“享用”。现在更好，造“新”房给“故”人做“故”居。不知这“故”人若在天有灵，一感动，是不是会下界，来“故”居温“故”知新，共襄盛举？呃……

浙江湖州 陆羽故居清塘别业方案总平面 /电脑效果 2007

大胆的梦想家，孤寂的探索者

探索者往往是孤独的、寂寞的，但充满理想、远见、自信和坚持。郑光复在给友人的信中写到他做的“很寂寞，是学术思考的一种深深的孤立、孤独。我体会到凡不随波逐流、有自己见解、尤其勇于创造、志在探索者，必须与多数同行不同，相反，这是个艰难的、逆潮流行舟的事业，然而我无意退缩。”

他的广博知识不只限于规划、建筑、园林等专业范围，而是从哲学、艺术、文学、历史、经济、管理、市政、环保、技术等多方面深入研究。以他的视野、洞察力、前瞻性、远见卓识，他探索创新，并做“惊人”或“奇怪”之语。

而他的设计虽然许多未能实现，但其中不少是当时甚至至今仍极具超前意识的创意。不妨举些例子。在设计上：
——　“冰与火”玻璃建筑设计，探索双重外壳的建筑在不同时间场合呈现出迥异的形象，是对建筑“凝固”外形的突破尝试。至今也少有类似设计思想与尝试。
——四川剑门关仿古建筑设计，以影城布景方式还原经典历史的雄险环境场景，引人进入残旧“战场遗址”的氛围，而不是造崭新假古董当摆设。从经济与效益上远胜于近来各地的假古董仿建。
——广州中岱国际中心设计，体现其多年在绿化、环保、节能等“绿色”建筑设计上的创新理念，并以技术创新获得专利。十多年后国内才开始探讨国外传入的“绿色建筑”理念。
——浙江长兴的大唐贡茶院仿古建筑设计，在无史例可依时，结合北方唐朝形式和江浙干栏式样，别出心裁但有充分根据地发明出“南方唐式”的仿古建筑。“仿”不是模“仿”，而是“仿”佛。以建筑再现了中国文化的遗风：仙风道骨。　浙江长兴的陈故宫及天居寺仿古建筑设计，也有类似方法。

在理论上：
——　“建筑是美学的‘误区’”一文，反思百多年来流行的建筑认知概念，敢犯众怒，针砭时弊，开阔眼界，在建筑界引起强烈反响，促进学术争鸣。
——　《老房子》一书的第一辑在到处大拆大建之时，再开启人们对历史家园的回顾和保护意识，促成此系列丛书，从而吸引类似题材的跟进。
——　《建筑的革命》一书，再认识建筑历史，以及探讨未来建筑的危机与突破等。
——　《是谁在让科学与经济掩面而泣——关于CCTV》一文，洞察外国设计师的动机，分析设计弊端，预见恶果。不久预言开始应验，他真是敏锐远见，业内稀罕。此文广受注目和引用。
——　“乡城化”相关文章，探讨农村城市化的替代途径，从经济、管理、投资、土地等等远超出规划建筑等本专业范围，去多角度分析和尝试。他的想法对错成败暂不论，他的博学、宏观、创意和在广西龙胜县的策划与规划实践，是颇令人受启迪的。

他热心探讨与研究建筑创新，是中国建筑协会建筑创作委员会成员。他有艺术家的感性不羁、多思畅想为指导；有研究型学者的深厚功力、　钻研严谨为根据；还有探险家的自信执著、勇往直前为行动。他思路开阔，创意很多，可时间和精力远跟不上思想，多半仅限于创意阶段，加上创意新奇超前，又不愿妥协变“现实”、随大流。虽因多种因素，他的设计，大部分未能施行，但纸上作品仍记录了他不同寻常的远见卓识与探索创新。

“南方唐风”，民居版。厅堂架空，廊围水池，仿佛船屋。竹篱栅门，草绿花绿，小桥虹架，步石点水，（不会游泳者别走。）直树穿顶，清波映墙，石塔瀑水，金鱼潜池。

既然是唐朝人士的故居，显然不能用明清的江南园林建筑格式，倒有点日本古寺庭院的风味。不过没有院中“枯”山水，真“湿”山水。

陆羽茶圣，喜水爱茶，所以家临水上，院中种茶，足不出户，一弯腰汲半瓢水，一伸臂摘几叶茶。（别误会，没说要凉水泡生茶叶。）晴天凭栏观鱼品茶，雨天卧廊听竹吟诗。真是终极梦想呵。可惜已逝一千年，无法时空穿越，后悔吧。

好啦，开个玩笑。不过，建筑师的设计难道不是独具一格，而且量身定做，十二分切题。

浙江湖州 陆羽故居清塘别业方案鸟瞰，水院 /电脑效果 2007

设计的终极目标：社会责任

郑光复写作、设计乃至行为，处处反映他的热情、率真与执著，有时好像过于直率和较真。其后的动机往往基于他强烈的责任意识，尤其对社会的关注。他从来就不是纯粹的建筑师，仅体现自我价值或业主利益。而是以专业为手段，去改善社会环境，贡献他热爱的人民与国家。

所以，
才会不在乎私利损失和他人感受直言力谏，哪怕冒犯领导与业主；
才会一生勤奋越挫越勇地探索和创新，繁忙至苛刻自己的程度；
才会走出建筑学范围研究各领域的社会影响，“多管闲事"地呐喊。

舍我其谁的强烈社会责任感和使命感，驱动他一生的追求与行为准则。

“五十多年来的交往，光复给我留下最深刻的印象是什么？ 我想，应该是他热情而率真的性格了。……对我们这一代人来说，经历了‘反右’和‘文革’这样人性扭曲的年代，要保持自我，率直地面对生活，极为不易。……他却不管体制环境如何，仍然大声疾呼，试图用自己的激情和力量去改变这种状况。……尽管创作环境不好，光复却一直以他一颗热爱建筑，热爱祖国文化的赤子之心，为中国现代建筑发展而建言，而实践。”（摘自东南大学程泰宁院士的“悼光复”《建筑师》2010. 02）

数十年间，他失去许多机会，又坚持自己的人格与理想，不入主流，那就支流吧。哪怕只是涓涓小溪，只要仍保留那份清澈。郑光复永远怀念的是那清澈的嘉陵江和童年家园旁清凉透彻的小溪，终生流淌在心底。

项目是县城内公园中的传统风格亭、阁。既然不涉及历史保护，传统就是习惯，在这项目上就仅仅是视觉审美习惯。只要总体效果符合“传统”，创新的余地还是有的。

吴承恩阁基本是江南园林建筑的形式，但它的四坡顶有些夸张地大而且翘。仔细看，二层平座悬挑，上植花草，与众不同。

归有光亭架空平台上，十字平面布局。两坡顶十字交叉，且山墙面加副檐。弃斗拱用斜撑，简化屋脊檐角。不像明清江南园林风格，倒具郑光复的“南方唐风”。

归有光亭原有阁楼式高版本的方案，此矮版仅为参考，打算作为反面教材以衬高版方案，不料为业主喜欢而采用。其位于小山顶，原打算作点景小品，结果建成后被周围树遮挡，稍远就看不见了，“点”不了景，有违初衷。郑光复有点后悔：自己不喜欢的本不该呈现。

作为设计汇报，这倒是教训。其实作为结果，未必不是好事。为什么中国各地风景区中，山顶水边非要杵立楼阁亭榭，与自然环境斗艳呢？ 没楼阁亭榭就没风景了？不会欣赏大自然本身了吗？

据报以往中国游客出游，往往是到所谓景点停下拍照，而且必有自己在内，其他沿途美景视而不见，回来拿出照片几乎每张都有自己。出游仅是到此一游，选景拍自己的自恋，根本不懂欣赏大自然。

好在近来在互联网上看到更多的风景民俗照片，看来进步不少。

浙江长兴 归有光亭，吴承恩阁（建成）/电脑效果 2008

以“石”为主题的公园，当然要用石、突出石。园中陈列了很多奇石怪石。在此造亭，以郑光复的历史、园林、建筑特长，以为会设计传统风格的石亭子？错。

设计以突出石材本身特征为宗旨。
什么是石材的特征？自然、厚重、坚固、实在、粗犷、多彩等等。怎样突出？强烈对比。
什么是反义词？人造、轻薄、脆弱、虚空、精致、无色等等。
什么最符合对比特征的材料？玻璃！
什么是亭子？基本为几根柱子支撑屋顶、休闲用的建筑小品。

既然如此，那就柱子与顶分别采用石与玻璃，另外基座四边也分别为石阶和玻璃坡，相互对比，反衬。这一对亭子造型几乎一样，仅材料恰好相反，完全是现代几何体面的构成。传统造型元素可以舍弃，但园林建筑有一样元素不能舍、也不愿舍——绿化。它在石柱顶上，在玻璃柱里。

电脑制作的白天与夜晚效果图，很戏剧化。

人们喜欢形容某人的特长像天生的，有“细胞”，音乐细胞、数学细胞、演讲细胞等等。创新细胞？也许称“创新神筋”更合适，它可能触动各种不同的细胞。不少人做设计只会抄袭拼凑，不会创新，不能说他们少根筋，但勇于并善于创新的人，可说是多根筋——创新神筋。郑光复就是这种多根筋的。

浙江长兴 石文化公园“石颂”，“石魂”亭 / 电脑效果 2006

《老人与海》

郑氏三兄弟中，二弟郑光中职位更高，清华大学前规划系主任，中国著名风景区规划建筑学家。小弟郑义名气更大，中国著名作家。但都认为大哥郑光复更有才华，并深受其影响。不是谦恭之辞。

郑光复曾说最喜欢的小说之一是美国作家海明威的 " 诺贝尔文学奖 " 之作《老人与海》。

维基百科中介绍的情节是：
古巴一个叫“桑迪亚哥”的老渔民住在海边一个小窝棚里，他过着贫困的生活，而且举目无亲，无依无靠，唯有一个叫“马诺琳”的男孩去和他聊天，帮他收拾打渔的工具。最近老渔民倒霉透了，一连84天都没有捕猎到一条鱼，虽然霉运罩顶，但是老渔民却没有放弃，第85天，他依旧乐观的出海了。这一次，他的运气棒极了，捕猎到一条巨大的马林鱼，由于马林鱼过于巨大，力量比老渔民都大，马林鱼把老渔民和他的筏子拖到了海洋中心的深海处，老渔民经过三天三夜的战斗，凭借着顽强的意志，他战胜了孤单、疼痛和饥饿，把马林鱼杀死了，他把马林鱼绑在船上，开始返航回家。马林鱼的血引来了海洋中的鲨鱼，它们拼命地抢夺马林鱼的肉，虽然老渔民用尽方法杀掉了不少的鲨鱼，但是马林鱼的肉最终还是被哄抢一光，等到他回家，马林鱼只剩下一个骨架。

他为什么喜欢这 " 老人 " ?

译林出版社的海明威名著《老人与海》封面

2009. 11. 12

长兴南陈阵霸先故宫二期天居寺基本完工，现场验收。三期施工图出图交底完毕，刚回南京不久。
再过一天要去开学术会议并专题报告。
再过几个月将著一本论中国乡城化与经济发展的书。
再过一两年拟出室内设计的专著。
资料已基本收齐，主题及论点陆续发表，还有一些工程。日程安排紧凑，自当做五六十岁，仍然精力充沛，才思敏捷，佳作迭出。

岂料，心脏出卖了他，忽发心脏病猝逝，才76岁。

壮丽的乐章达到高潮，尚未终曲，即戛然而止，惊诧和悬念。

郑光复也像其父郑璧成一样，最后时光是在集毕生才智尽心做佛寺工程，基本完工。也许是巧合，也许是神灵的安排，虽不信佛，但大概也有特许，去了天国拜见佛教徒的父母吧。

75岁“年轻”的郑光复

曾经模仿过他的字体，有体有形但不总拘于条条框框而飞扬的字体，却总不像。常言道：字如其人，不知相术师或笔迹专家会看出什么？

画上飞舞的签名，意味着他画图结束，作文结束。这里的签名，也算他的一个结束，纪念。

纪念，我人生的偶像，我的父亲！

附录：论文年表

文章名称	书籍报刊名称	出版日期	文章始页
要追求形式而反对形式主义	《建筑学报》	1982.0	8
负正论	《新建筑》	1984.0	0
象征手法探奥——共青城宾馆……	《新建筑》	1986.0	8
文脉与现代化	《建筑学报》	1988.09	28
从世纪末展望建筑前景	《建筑与城市》	1989.0	0
象征析要	《建筑与城市》	1989.0	2
建筑是美学的误区	《新建筑》	1990.02	
庙。中国古建研究的文化错误	《南方建筑》	1990.02	104
建筑是生活场的型化：美学的误区续（一）	《新建筑》	1990.0	8
建筑是人化的科技系统——美学的误区续(二)	《新建筑》	1990.03	
建筑是经济的手段、产物与产业——美学的误区续(三)	《新建筑》	1990.04	
客观设计论——建筑创作的非艺术性	《建筑学报》	1990.0	0
从如昼与反昼的照明意匠	《室内》	1991.0	
现代诸历史主义与新民族风	《建筑学报》	1991.0	8
诗情画意的灾难	《新建筑》	1992.01	54
经济的建筑未来（一）	《新建筑》	1992.0	5
经济的建筑未来（二）	《新建筑》	1992.0	6
经济的建筑未来（三）	《新建筑》	1992.0	0
建筑的假面舞——山东工业大学主楼设计构思	《华中建筑》	1995.03	48
建筑是人控中介环境——建筑是美学误区(四)	《新建筑》	1997.04	46
美国传统民居	《新建筑》	1998.02	82
中西宫苑庙宇教堂比较	《南方建筑》	1998.0	
环境的建筑未来	《南方建筑》	1999.0	
危机与机遇——已开始的建筑革命	《新建筑》	2000.1	3
生活巨变的建筑兴衰——建筑革命在深层	《华中建筑》	2001.0	6
面对全球化西部大开发乡城化战略	《新建筑》	2001.0	8
风景名胜区建设别偏食——也谈太山索道何去何从	《瞭望》	2001.02	46
是该醒醒了！谁？	《南方建筑》	2001.03	41
古今中西建筑比较概说——建筑的三次革命（上）	《南方建筑》	2003.0	
古今中西建筑比较概说——建筑的三次革命（下）	《南方建筑》	2003.0	
是谁在让科学与经济掩面而泣？——关于CCTV大楼	《建筑时报/设计》	2003.9/5	
建筑的“艺术”骗局 ——从库哈斯央视方案始	《北方观察》	2004.0	4
生活为原，为料，为旨的型化——鸿雁山庄	《新建筑》	2004.0	1
历史关头的壮举与持续奋进	《华中建筑》	2004.05	20

文章名称	书籍报刊名称	报刊日期	文章始页
究竟谁蒙昧？——评《中国建筑师缺乏修养？》	《华中建筑》	2004.06	9
建筑创新的是与非——借中岱国际广场方案构思说创新准则及其他	《南方建筑》	2004.06	
美丽的忧伤——遥念阳朔，丽江，歙县……	《建筑时报》	2004.07.15	10
拂去泼在中国建筑师身上的污水 ——细品《中国建筑师缺乏修养？》及其附文《细读……》	《设计》DESION BIWEEKLY	2004.08.02	5
谁是“灵感”的父母？——藉鸿雁山庄……	《建筑创作》	2004.08	6
留住记忆，留下罪证	《建筑与文化》	2004.09	85
上海“新天地”与南京“1912”	《展览建筑》	2004.12	86
旅游城镇持续的保护与开发	《华中建筑》	2005.02	106
中西建筑哲学史概说中现代史局部	《华中建筑》	2005.03	134
“别墅”两斑	《建筑与文化》	2005.03	16
电视台大楼创意竟源于性器官——某些大型公共建筑已成“资金黑洞”	《晨报》	2005.06.03	16
悼老学长黄康宇	《新建筑》	2005.06	96
熊掌与鱼应兼得——门票涨价怪圈与解困	《南方建筑》	2005.06	36
时尚的两面神——评两铁路新客站析建筑本质	《华中建筑》	2006.01	47
跨越功绩——旅游名胜策划规划设计的变革	《建筑与文化》	2006.01	2
究竟何为现代化？——扬州，南京两新火车站建筑设计评析	《室内》	2006.03	104
真，伪现代化的利与害？——扬州，南京新火车站评析	《设计》DESION BIWEEKLY	2006.03.13	5
现代化的本质何在？——评析南京，扬州两新车站	《新建筑》	2006.06	87
是谁在让科学与经济掩面而泣？——关于CCTV大楼	《论大型公共建筑工程建设—问题与建议》	2006.12	127
就学术讨论的效率答诸友——话语权与学术民主	《华中建筑》	2007.01	5
就学术讨论的效率答诸友——话语权与学术民主	《建筑环境》	2007.05	97
建筑的祸福是非——重建圆明园及其他	《华中建筑》	2007.05	4
仿古也应有个性——藉大唐贡茶院设计而论	《新建筑》	2007.06	108
我愿是一只鸿雁——回顾沸腾的岁月	《东南大学建筑学院成立80周年纪念专集（1927-2007）》	2007.08	103
话语权与学术民主——就学术讨论的效率答诸友	《建筑时报》	2007.08.06	7
山水城市论	《华中建筑》	2008.01	1
“山水城市”是什么方向？——学术讨论人人平等	《新建筑》	2008.03	58
在市场经济中保护与发展——桑江梦	《华南地区古镇保护与发展（广州）研讨会文集》	2008.06	59
变辱为荣，补损成益 ——央视新台址改扩建方案建议	《设计》DESION BIWEEKLY	2009.03.30	6
全过程创新的“历史仿真”	《中国营造学社建社80周年纪念活动论文集》	2009.07	1
化辱为荣，补损成益——审视央视新楼并及奥运纪念碑等	《新建筑》	2010.01	139

后记

人文历史首先就是经“历”的人记录的“史”实，然后才是史学家据此整理后的解释总结。若有千百如此经“历”的人记录各自的一小片“史”实，则史学家们更便于去伪存真、拼接整理、解释总结，写出时代的“历史”。此书就算是经“历”的人记录下一小片“史”实，我个人对历史一个小小记录。解释总结的工作就留给史学家吧。

此书不仅仅是呈现我父亲郑光复个人特点和他的生涯经历，也是对他当时生活与工作的环境状态的回顾。

通常亲朋好友所写的人物生平传记只褒不贬，只写成功，回避挫折。深厚的亲情和良好的愿望使然，无可厚非。郑光复是我从小的偶像和亲爱的父亲，我也不能免俗。人无完人，也不是高、大、全的英雄。凭自己的了解与认知，他的才华和能力本可有更大的成就。无论挫折与成功，都是人生的经历，都值得回顾。所以本书并非只有歌功颂德，而是力图客观地探讨他的人生轨迹和当年时空环境的影响，部分还原我心目中父亲这位有喜有怒、有血有肉的独特的人，那个真诚真实的人。

我，作为个人作者，而不是集体或机构团体作者，从来也不指望代表任何他人或机构授权的“正式”观点，不寻求得到各方认可的四平八稳，不多虑是否符合流行或公认的方式。尽管得到不少各类型的建议，最终的一切还是依作者个人的观点、认知和风格，是一家之言，自然也由作者自己负责。若有人不认同或异议书中文字，欢迎批评指正。

做任何事，尤其是第一次，都是挑战和学习的过程，出这本书更不乏预想不到的挑战。中国建筑师们出版的作品选集不下几十、上百种。此书未循往例，更是额外的挑战。在一些亲友的鼓励及天津大学出版社的帮助下，终于出版。希望建筑学界内外的读者，无论是否认同作者述评，都能从郑光复的个人生活工作经历，了解一些当年的行业、文化，社会，得到一些有益的收获，我就非常满足了。

要感谢的首先是我母亲马光蓓，收集整理了父亲的大量作品与资料，使这本书有依有据。书中不少故事素材，来自东南大学建筑学院和我父亲生前的许多亲朋好友，书中引用他们的部分多已注明出处，以示他们的帮助，在此对他们一并感谢。

郑嘉宁
2013年6月